KB025130

너는 참, 같은 말을 해도

너는 참, 같은 말을 해도

친구로서 널 아끼니까 해주는, 말 잘하는 법 1:1 코칭

임영균 지음

마인드빌딩

프롤로그

머리와 가슴 가운데

글을 쓰는 일은 언제나 즐겁지만, 가끔 원고 마감에 시달릴 때면 여간 곤혹이 아닐 수 없다. 할 수 없이 제일 늦게까지 영업하는 카페를 찾아 원고 마감을 준비한다. 동네에 24시 카페가 있으면 좋으련만, 대부분 밤 11시면 문을 닫는다.

글은 안 써지는데 시간은 속절없이 흐르고, 어느덧 11시가 되어간다. 주위를 둘러보면 나만 홀로 남아 있다. 10시 50분쯤 되면, 매장 정리를 하고 퇴근을 하려는 알바생이 눈에서 레이저를 쏜다. 물론 한시라도 빨리 퇴근하고 싶은 알바생의 마음을 모르지는 않지만, 5분이라도 더 버텨보려고 발악을 한다.

결국 11시가 되었고, 알바생이 다가온다.

"영업시간 끝났습니다. 나가주세요."

당연한 통보이기에 할 말은 없다. 그런데 가끔은 꼭 저렇게까지 말해야 하나 싶을 때도 있다. 마치 오늘 하루 손님들에게 받은 스트레스를 응축해서 나에게 푸는 것만 같다.

때로는 조금 색다른 방법을 쓰는 알바생도 있다. 일단 말을 아낀다. 굳이 말하지 않는다. 대신 손에 대걸레나 행주를 들고 내 주변을 서성이며 청소를 한다. 나가라는 신호다. 내가 아랑곳하지 않으면, 일부러 큰 소리를 낸다. 하루 동안 쌓인 스트레스가 대걸레에 고스란히 담겨 나에게까지 전달된다.

물론 정해진 시간에 자리를 정리해 매장을 나가는 것이 예의다. 하루 종일 고생한 알바생에 대한 배려와도 같다. 하지만 영업시간이 끝날 때까지 앉아 있어야만 하는 내 신세도 처량하기는 마찬가지라, 종종 내쫓기듯이 나가야 하는 경우에는 기분이 상하기도 한다.

하지만, 늘 그런 알바생만 있는 것은 아니다. 여느 때처럼 마감 시간까지 앉아 있는 나에게 어김없이 알바생이 다가온다. 나를 쫓아낼까 싶어 성급하게 짐을 챙기는 시늉을 하던 그때, 알바생이 이렇게 말해온다.

"손님, 혹시 하시는 일이 많이 남았나요? 저희가 이제 마감을 해야 해서요."

'이 감동적인 멘트는 뭐지?' 싶었다. 우선 명령조의 말 대신 나의 상황을 체크하며 배려하는 말을 앞세우고 있었다. 게다가 "너 나가"가 아니라 "지금 제가 마감을 해야 해서요"라는 전형적인 'I-message'를 구사하며, 자신의 상황을 이해해달라는 뜻을 전하고 있었다.

갑자기 미안한 마음이 밀려온다. 부리나케 노트북을 챙겨서 카페를 빠져나온다. 그러면서 이런 생각이 든다. '말 잘한다는 게, 생각보다 별거 없구나.' 결국 상대방의 입장에서, 상대방을 배려하는 것이 핵심이었다.

이런 생각으로 글을 쓰기 시작했다. 거창한 이론이나 유명인의 사례 대신 소소한 일상에서 발견한 말에 대해 이야기하고 싶었다. 적합한 인물 하나가 떠올랐다. 평소 자기중심적으로 말하고, 장황하게 말하고, 굳이 어렵게 말하는 한 친구의 삶에서 글의 소재를 가져왔다. 친구의 삶 속에서 벌어지는 다양한 상황을 통해, 그 친구가 말하면 왜 짜증이 날 수밖에 없는지를 이야기해보고 싶었다.

나름의 경험을 통해 짜증이 조금은 덜 나게 말할 수 있는 방법도 제시하고자 한다. 물론 어디까지나 참고할 만한 내용일 뿐, 절대적인 것은 아니니 가볍게 읽어주기 바란다. 세상 어디에도 100% 통용되는 방법은 없다.

책의 구성은 크게 세 파트로 나누었다. 말하는 목적에 따라 '설명하는 말하기', '설득하는 말하기', '배려하는 말하기'로 구성했다. 물론 그 경계가 명확한 것은 아니지만, 어느 정도 구분할 필요가 있다고 생각했다. 생각과 정보를 명쾌하게 전달할 때, 나와 생각이 다른 상대방을 설득할 때, 상대방의 마음을 얻어야 할 때, 각각에 필요한 말하기 방법이 저마다 다르기 때문이다. 한마디로 이 책은 쉽게 말하고, 논리적으로 말하고, 예쁘게 말하는 것에 관한 이야기다.

어느 날 거울을 보다가, 사람의 입이 머리와 가슴 딱 중간에 있다는 사실을 발견했다. 그러면서 입은 머리와도 가까워야 하지만, 가슴과도 가까워야 한다는 생각을 해봤다. 현명하게 말하는 것이 중요한 만큼, 따뜻하게 말하는 것도 중요하다는 뜻이다. 부디 이 책이 머리와 입 사이, 그리고 가슴과 입 사이의 거리를 조금이나마 가깝게 만드는 데 도움이 되기를 바란다.

프롤로그 — 04 머리와 가슴 가운데

1 설명의 언어

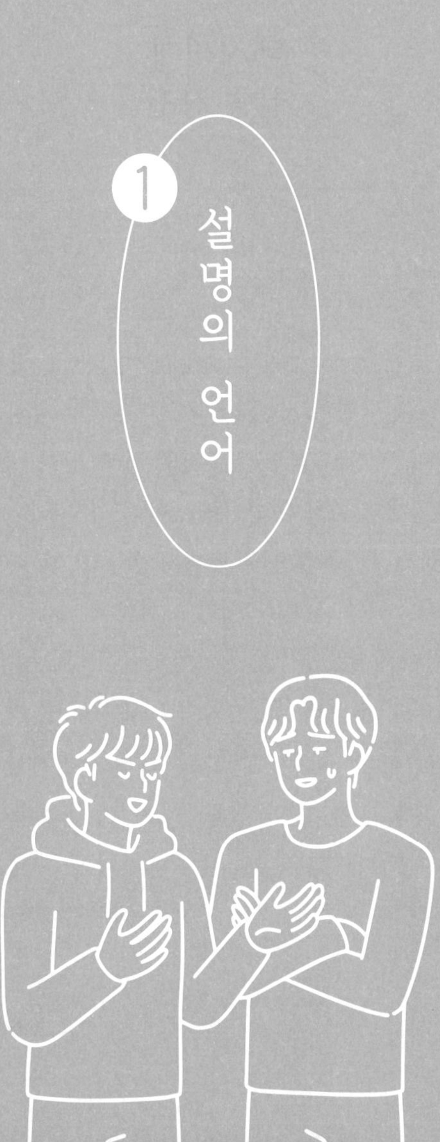

돼지찌개 실종 사건

친구는 전국을 누비며 취업 준비생들을 만나 면접 컨설팅을 진행한다. 그 덕에 나는 지방에 강의를 하러 갈 때마다 먹거리 걱정은 하지 않아도 된다. 친구에게 어느 지역에 있다는 말만 하면, 아침 식사부터 점심 저녁, 술 한잔 할 수 있는 식당까지 한 페이지가 넘는 카톡을 보내온다. 오지랖도 이런 오지랖이 없다.

그런 그에게도 전국 최애 맛집이 있었으니, 그곳은 바로 전라도 광주에 있는 '엄마네 돼지찌개' 식당이다. 친구 따라 한 번 가본 적이 있는데, 맛은 있지만 맵기가 하늘을 찔러서 두 번 다시 못 올 곳이다 싶었다. 하지만 매운 음식 마니아인 친구는 광주에만 가면 어떻게든 그곳에 들러 그 찌개를 먹고, 그것도 모자라 2인분은 꼭 포장해서 간다. 맛있는 음식 앞에 검은 봉다리를 들고 KTX에 탑승하는 부끄러움 정도는 그냥 넣어둔다. 그 정도로 엄마네 돼지찌개에 대한 그의 사랑은 대단하다.

그러던 어느 날, 친구가 단단히 화가 나서 나에게 전화를 했다. 들어보니 충분히 화날 만한 일이었다. 일명 '돼지찌개 실종 사건'이 일어났기 때문이다.

그날 아침, 아내와 함께 밥을 먹던 친구는 흰쌀밥에 돼지찌개를 쓱싹쓱싹 비비면서 이렇게 말했다고 한다.

"여보, 찌개 진짜 맛있지? 더 먹고 싶은데 시간이 없네. 이거 한 숟가락만 먹고 치워야겠다."

그렇게 집을 나선 친구는 퇴근 후에, 남은 돼지찌개를 안주 삼아 소주 한잔 하기 위해 찌개를 찾았다고 한다. 허나 웬걸, 돼지찌개가 보이지 않는다. 친구의 속이 타들어가기 시작한다. 찌개만 생각하면서 버틴 빡센 하루였다. 불똥은 애먼 아내에게 튄다.

"여보, 돼지찌개 못 봤어? 내 사랑 돼지찌개가 어디로 숨은 걸까? 어서 모습을 드러내렴?"

애정이 철철 흘러넘친다.

"그거? 아침에 여보가 먹고 치운다고 해서 버렸는데."

그 말을 들은 순간, 내 친구는 힘이 빠져 자리에 주저앉았다고 한다. "치워야겠다"라는 말을 서로 다르게 해석해서 일어난 비극이었다. 내 친구는 '일단은 치워놨다가 나중에 또 먹어야겠다'는 의미로 한 말이었고, 친구의 아내는 그걸 '남은 찌개는 버려야겠다'는 의미로 해석한 것이다.

그렇게 돼지찌개 실종 사건의 전말을 이야기하며 아내의 뒷담화를 실컷 한 친구는, 조금은 안정을 되찾은 듯했다. 이제 내가 끼어들 타이밍이다.

"너는 스피치 강의한다는 놈이 말의 기본도 모르냐? 말에는 오해가 없어야 할 거 아냐. 네가 그렇게 말하면 나라도 오해하지, 네 아내가 뭔 잘못이냐? 정확하게 말했어야지."

내 머릿속에서 생각하고 한 말을, 상대방도 똑같이 알아들었을 것이라고 착각하는 사람들이 많다. 이는 어느 정도 '지식의 저주'와도 연관되어 있다. 내가 알고 있는 것을 다른 사람도 알고 있을 것이라는 착각과 마찬가지로, 내가 생각한 것과 동일하게 내 말을 알아들었을 거라고 착각을 하는 것이다. 하지만 커뮤니케이션의 본질은 '내가 어떻게 전달했느냐'가 아니라, '상대방이 어떻게 이해했느냐'다. 이런 관점에서 볼 때 제대로 소통하기 위해서는, 오해의 소지가 없이 명확하게 이야기하도록 하고, 필요한 경우 다시 한번 확인하는 절차를 거치는 것이 좋다.

사람은 누구나 자신의 경험 안에서 모든 걸 해석하고 판단한다. 관심사 또한 제각각이다. 그러니 같은 단어를 사용한다고 해서 듣는 사람이 내 마음과 같이, 내가 의도한 대로 이해할 것이라고 생각하면 오산이다. 뭔가를 설명하거나 메시지를 전달할 때는 내가 생각하는 것과 다른 의미로 전달될 수 있음을 전제해서, 더욱 명확하고 구체적으로 말하는 것이 좋다. 추상적으로 혹은 지나치게 생략해서 말하거나, 주관적인 해석이 가능한 표현('최대한', '빨리', '정말' 등)을 많이 사용하면 그 말의 의도가 제대로 전달되기 쉽지 않다.

이번 사건(?)의 경우에도 친구 아내는 가사를 담당하는 자신의 입장에서 친구의 말을 판단해, 당연히 남은 음식물을 버리겠다는 의미로 받아들였다. 만약 친구가,

"이거 한 숟가락만 먹고 그만 먹어야겠다. 아껴뒀다가 저녁에 다시 먹을 거니까 치우지 마."

라고 조금 더 명확하고 구체적으로 자신의 의도를 전달했다면, 본인이 사랑해 마지않는 돼지찌개의 결말을 알고 힘없이 주저앉는 일은 없지 않았을까 싶다.

친구와의 통화를 마치고, 편의점 커피가 마시고 싶어서 아파트 상가 편의점을 찾았다. 커피 머신으로 커피를 내리고 있는데, 갑자기 장트러블 신호가 온다. 또 하필이면 이럴 때 알바생이 보이지 않는다. 일단 급하게 밖으로 튀어 나가서 화장실을 찾아본다. 상가 복도 끝 계단에 이런 문구가 쓰여 있다.

'화장실은 2층 계단을 이용하세요.'

물론 누구나 계단을 이용해서 2층으로 올라가면 화

장실이 있을 거라는 생각을 할 수 있다. 하지만 이렇게 해석하기까지는 몇 단계의 인지적인 노력을 거쳐야 한다. 이는 상대방에 대한 배려가 생략된, 지극히 주관적인 말하기 방식이다. 지식의 저주에 제대로 걸려 있는 사람이라고도 할 수 있다. 혹시 외국인이 이 문구를 본다면, 말 그대로 2층 계단에서 볼일을 봐버리는 끔찍한 불상사가 일어나진 않을까 하는 짓궂은 상상을 하며, 화장실로 향했다.

상대방의 언어로

얼마 전, 나에게 많은 생각이 들게 한 사건 하나가 있었다. 이른바 '웨비나'* 사건이다. 친구와 통화를 하는데, 계속해서 '웨비나, 웨비나' 하는 친구의 말을 도통 알아들을 수가 없었다.

"웨비나 준비해야 하는데, 웨비나에 활용되는 툴이 여러 개가 있어. 요즘 코로나 때문에 수요가 많아서 웨비나 프로그램을 디벨롭 할 필요가 있겠어. 교안에도 좀 더 베리에이션이 필요할 것 같아."

---

* 웹(Web)과 세미나(Seminar)의 합성어로, 인터넷으로 진행하는 실시간 강의 또는 녹화 강의. 최근 코로나19 사태로 인해 유행하고 있다.

물론 최신 트렌드나 용어에 밝은 사람은 이 말을 이해하는 데 문제가 없겠지만, 나에게 있어 '웨비나'라는 단어는 장모님이 나에게 '여볐다(살 빠졌다)'고 말한 것 이상으로 생경하고, 알아들을 수 없는 말로 다가왔다.

결국 설명을 다 끝낸 친구에게 웨비나가 대체 무엇인지를 물어본 뒤에야 그 뜻을 알 수 있었고, 친구는 자신이 말한 내용을 처음부터 다시 설명해야 하는 수고를 아끼지 말아야 했다.

모든 대화가 끝나자 친구가 시비를 걸어온다.

"너는 강의한다는 애가 웨비나도 모르냐?"

친구는 마치 대단한 걸 알고 있다는 양 재기 시작했고, 졸지에 나는 웨비나도 모르는 무식한 강사가 되고 말았다.

전화를 끊고 무식했던 나 자신을 탓하는 한편, 꼭 그렇게 전문용어(혹은 약어)를 사용할 필요가 있었을까 하는 생각이 들었다. 그냥 처음부터 온라인 강의라고 하거나, 아니면 '웹과 세미나의 합성어인 웨비나라는 교육 방식이 있다'라고 미리 설명했다면 어땠을까?

결론적으로 나의 무식함+친구의 부족한 커뮤니케이

션 능력의 콜라보레이션으로 인해, 우리는 몇 분간 서로 다른 이야기를 해야만 했다. 또한 뒤이어 이를 수습하기 위해 최소 10배의 인지적인 노력을 추가해야만 했다. 아마 나보다 같은 말을 한 번 더 반복해야 했던 친구의 스트레스가 더 크지 않았을까 싶다.

그렇다면 과연 친구는 왜 그렇게 말을 했던 것일까? 왜 굳이 ‘웨비나, 웨비나’ 노래를 불렀던 것일까? 웨비나뿐만 아니라 ‘툴’, ‘디벨롭’, ‘베리에이션’ 등의 알 수 없는 말들을 사용한 이유는 대체 무엇일까? 친구 머릿속에 들어가 볼 수는 없는 노릇이지만, 추측하건대 크게 세 가지 이유 때문이라고 생각한다.

첫째, 그냥 습관적으로 쓰는 것이다. 평소에 아무렇지 않게 써왔기에 상대방이 누구든지 간에 내 방식대로, 내가 자주 쓰는 단어로 말하는 것이다. 앞서 말했던 지식의 저주, 내가 알고 있는 것을 상대방도 알고 있다는 그 착각이 또다시 발동하고 말았다. 둘째, 전문용어나 약어를 사용하는 것이 조금 더 있어 보인다는 생각 때문이다. 소위 ‘있어빌리티’*에 기반하는 행동일 수도 있다. 마지막으로, 설명하고자 하는 내용을 본인 스스로도 잘 모르고 있기 때문이다. 어렵게 설명한다는 것은 어쩌면 자신이 그에 대해 제대로 이해하지 못하고 있다는 증거일지도 모른다. 본질을 정확하게 꿰뚫지 못하고 있기 때문에, 겉만 아는 것들을 앵무새처럼 따라하기만 하는 것이다.

사실, 이렇게 상대방이 잘 모르는 전문용어나 어려운 말을 남발하는 것은 커뮤니케이션의 본질을 흐트러트리는 방식이다. 불필요한 전문용어를 써서 이해하기 어렵게 설명하는 것은 말 잘하는 사람의 전달 방식은 아니다. 진짜 말을 잘하는 사람은 상대방의 입장에서 눈높이를 맞추고, 그가 무리 없이 잘 이해할 수 있게끔 말한다. 이와 관련된 어느 전문가의 말을 인용해보겠다.

하수는 쉬운 것도 어렵게 이야기하고,
중수는 어려운 것을 어렵게 이야기하며,
고수는 어려운 것을 쉽게 이야기한다.

사람의 뇌는 '인지적 구두쇠'에 비유된다. 구두쇠가

* '있어 보인다'와 능력을 뜻하는 영단어 'Ability'가 합쳐진 신조어. 실상은 별거 없지만, 사진이나 영상을 통해 뭔가 있어 보이게 자신을 잘 포장하는 능력을 말한다.

돈을 아끼듯이, 어떤 새로운 정보를 받아들이는 데 들이는 노력을 최소화하려는 경향이 있다는 뜻이다. 따라서 많은 사람들에게 어렵고 낯선 말은 독이 될 수 있다. 업계 관계자끼리 이야기할 때나 전문성이 돋보여야 하는 순간을 제외하고서는, 무조건 쉬운 단어, 명확한 단어, 누구나 아는 단어를 사용해서 상대방이 쉽게 알아들을 수 있도록 설명하는 것이 좋다.

그렇다면 과연 어떻게 말하는 것이 쉽게 말하는 것일까? 당연해 보여도 실천하기가 쉽지만은 않은 세 가지 기술을 소개하겠다. 조금 억지스럽게 갖다 붙이긴 했지만, 일명 '3E' 기술이다.

첫째, 쉬운 단어, 쉬운 표현을 쓴다. 특히 외래어의 남발은 가급적 자제하는 것이 좋다. 한 예로 <구해줘 홈즈>라는 예능 프로그램에서 출연자들이 습관적으로

"이건 옵션이에요"라는 말을 사용했는데, 이들이 말하는 '옵션'은 '무료로 포함된 사항'을 의미하는 것이었다. 프로그램에 처음 출연한 사람은 그 의미를 '선택사항'으로 이해한 탓에 같은 단어를 놓고 서로 다른 해석이 이루어졌고, 결국 프로그램이 끝날 때쯤에야 오해가 풀렸다. 이처럼 어려운 용어를 사용하면 상대방의 이해도를 떨어트려 오해를 불러일으키거나, 잘못된 방향으로 일 처리를 하게 할 수 있다.

이때, 초등학교 2학년의 눈높이를 겨냥하는 것이 좋은 방법이 된다. 아무리 어렵고 복잡한 내용도 초등학교 2학년이 이해할 수 있는 수준으로 이야기한다면 그보다 쉽고 명쾌한 설명은 없을 것이다. 이와 관련해서 어느 대학 시험에 '양자역학의 원리를 초등학교 2학년생에게 설명하라'는 문제가 출제된 것을 본 적이 있는데, 참 현명한 교수님이라는 생각이 들었다. 핵심을 정확하게 알고 있어야만 쉽게 설명할 수 있다는 원리를 잘 이용한 시험 문제이기 때문이다.

둘째, 용어에 대한 정의 또는 합의를 하고 나서 이야기한다. 전문용어나 어려운 단어를 꼭 섞어 써야 한다면, 최소한 그 용어에 대한 설명을 미리 해주고 시작하는 것이 좋지 않을까?

"웨비나는 웹과 세미나의 합성어로, 온라인을 통한 대면 교육 방식을 의미하는데, 내가 이번에 웨비나를 진행하게 되었어." (정의)

"회사에서 말하는 논리적 사고는, 사실의 증명이 아닌 상대방을 설득하기 위한 이야기 구조를 만드는 방법을 뜻해." (합의)

이처럼 내가 사용할 어려운 단어, 전문용어, 외래어 등에 대한 개념 설명을 먼저 하고 나서 다음 말을 해야 상대방의 이해도를 높일 수 있다. 그래야 비로소 다음 말이 들리기 시작하는 것이다. 그러지 않으면 '도대체 무슨 말이야?', '나를 의도적으로 무시하나?', '왜 잘난 척이지?'라는 상대방의 생각들이 내 설명을 가로막을 수 있다.

셋째, 이해하기 쉬운 예시를 들어준다. 가끔 내가 무식하다고 느끼는 순간이 또 있다. 병원, 은행에 가거나, 보험회사 직원과 이야기하거나, 부동산 관련 상담을 받을 때다. 온갖 전문용어로 무장해서 압박해오는 그들 앞에, 마치 무슨 죄를 지은 것처럼 가만히 있을 수밖에 없다. 솔직히 부담스럽고, 불편하고, 무슨 이야기인지 하나도 이해가 가지 않는다. 그러던 중 어떤 부동산 전문가가 하는 이야기를 듣고, 감동한 적이 있다. 그는 '콜옵션'이라는 개념을 이렇게 설명했다.

"지금 수박 가격이 만 원이라고 합시다. 당신은 6개월 뒤 수박값이 어떻게 변하든지 그때도 수박을 만 원에 사고 싶어 해요. 그럼 그 농부에게 가서, 그때도 수박을 만 원에 살 수 있는 권리를 천 원에 사는 겁니다. 수박을 미리 정한 날짜에, 미리 정한 가격 만 원에 살 수 있는 권리, 그게 바로 콜옵션이라는 거예요."

수박을 예로 든 설명 덕분에, 부동산 계약서조차 못 쓰는 내가 콜옵션이라는 개념은 아직까지도 기억하고 있다.

훌륭한 커뮤니케이터는 상대방의 언어를 사용한다.

-마샬 맥루한

친구와 통화를 한 그날 밤, JTBC 드라마 <보좌관>을 보던 중 한 장면이 유독 눈에 띄었다. 국회의원 역할을 맡은 배우 신민아 씨가 어느 싱글맘 카페를 찾아가 그들을 설득하는 장면이다. 사회적인 체면과 입장을 고려했을 때 고급지고 세련된 용어를 쓸 것으로 예상했지만, 그녀의 입에서 튀어나오는 단어들은 반전이었다.

"여러분, 지금 이 상황이 개짜증 나시죠? 그러니까 여러분들의 처우 개선을 위해서 저 같은 사람들을 개이용하시라고요."

단어 하나에 '개' 자 하나 붙였을 뿐인데, 그 전까지 딱딱하기만 하던 싱글맘들의 표정이 달라진다. 점점 신민아 씨의 이야기에 귀를 기울인다. 젊은 여성들이 많이 쓰는 쉽고 익숙한 표현을 통해 상대방을 설득하는, 즉 상대방의 언어로 이야기하는 방식이 통하기 시작한 것이다.

말 잘 못하는 사람 유형 네 가지

가끔 이렇게 말하는 사람들을 보면, 고구마를 먹은 것처럼 속이 답답할 때가 있다. 지극히 개인적인 기준에서 말을 잘 못하는 사람들에게 발견되는 특징 네 가지를 정리해봤다.

1. 거시기형

"너 그거 알지?"
"왜, 거기 있잖아."
"그건 말이지."

말에 지시대명사를 자주 섞어 쓰는 유형이다. 적당한 단어가 생각나지 않거나, 상대방도 내가 지시하는 '그것'을 알고 있다고 착각해서 쓰는 말이다. 이때 그 단어의 의미에 대해 제대로 합의가 되지 않으면, 말하고자 하는 바가 정확히 전달되지 않는다. 그러다 보면 작은 실수가 발생하기도 하고, 경우에 따라 심한 오해가 싹트기도 한다.

이와 관련해서, 예전에 겪었던 에피소드가 하나 있다. 집이 가까워서 평소 아침 출근길에 카풀을 해주는 선배가 있었다. 우리의 카톡 대화는 늘 간단했다.

"내일 오전 6시 50분. 내가 너희 집 앞으로 갈게."
"오키, 고마워. 내일 시간 맞춰 나갈게."

때로는 선배가 우리 집 앞으로 오기도 하고, 때로는 내가 선배 집 앞으로 가기도 했다. 그렇게 서로 간의 호흡이 맞아갈 무렵, 우리의 대화는 더 간단해졌다.

"내일 0650?"
"응, 거기서."

그러던 어느 날, 우리가 서로 다른 곳에서 상대방을 기다리는 일이 벌어졌다. 나는 선배의 집 앞에서, 그리고 선배는 우리 집 앞에서. '거기서'를 각자의 입장에서 해석했기 때문이었다. 지금은 그저 술자리 안줏거리로 웃어넘기는 에피소드지만, 그 당시에는 서로의 집 앞에서 몇십 분을 허비하며 서로를 원망하곤 했었다.

'거시기'는 상대방에게 '거시기'로 들릴 뿐이다. 상대방이 정확하게 알아들을 수 있는 단어로 표현하는 것이 좋다.

2. 첨가물형

"음……."
"아……."
"어……."

말을 시작하기 전에 MSG부터 치고 들어가는 유형이다. 이는 일종의 말버릇이기도 하다. 물론 일상적인 대화에는 크게 지장이 없을 수 있지만, 무언가를 보고하는 순간이나 많은 사람들 앞에서 발표를 해야 하는 순간에서만큼은 주의해야 한다. 이런 말을 자주 쓰면 준비가 덜 되어 있거나 생각이 정리되지 않은 듯한 인상을 줘, 듣는 사람에게 부정적인 이미지를 심어주기 때문이다.

이런 감탄사 중 유독 한국 사람들만 자주 쓰는 것이, '아니'라고 한다. 언어유희적인 표현으로 한국 사람들은 말할 때 '아니 아니면 아니 되는 것 같다'.

"아니, 저번에 그거."
"아니, 내 말은……"
"아니, 엄마는 도대체……"

물론 나쁜 말은 아니지만, 혹시라도 '아니'라는 말이 누군가에게는 '내 말이 맞고, 너는 틀렸어'라는 의미로 전달될 수 있으니, 신경 쓸 필요는 있다고 본다.

3. 외국인형

말에 영어를 자주 섞어 쓰는 유형이다. 중요한 건, 이 유형의 사람들은 전체 문장을 영어로 말하는 것이 아니라, 중간중간 영어 단어만 섞어 쓴다는 것이다. 영어를 단어로만 배운 전형적인 사람들이다.

"그것 좀 디벨롭 해봐."
"오늘 아이데이션 해보자."
"이번 PT는 컴피티션이네."

이와 관련해서 가장 인상 깊었던 말은, 어느 날 지인들과 식사를 하는 자리에서 들었던 말이다.

"음식은 다 같이 시켜서 접시에 셰어 해서 먹자. 나중에 빌즈를 스플릿 해서 계산하면 되잖아."

그 말을 들은 나는 미간을 찌푸리고 말았다. 왠지 모르게 음식 맛이 뚝 떨어지면서, 스플릿 된 빌즈에 페이만 하고 레스토랑을 아웃 했던 기억이 난다.

물론 외국에서 오래 살다 온 사람이나, 외국계 기업에서 일하는 사람에게는 일상적인 언어일 수 있다. 영어가 더 익숙하고 편해서 그런 것이니 말이다. 하지만 그렇지 않은 사람들과의 평소 대화 습관에서는 정확한 한국말로 고쳐 쓰는 편이 좀 더 낫지 않을까 싶다.

4. 지우개형

문장 군데군데를 생략해서 말하는 유형이다. 가끔 누군가가 하는 말이 정확하게 이해되지 않는 경우, 문장의 주요 성분이 생략되어서 그럴 가능성이 크다. 특히 문장의 주체인 주어가 생략되면 의미가 명확하게 전달되기 어렵다.

"나는 김 대리를 믿는데, 나를 믿는지는 모르겠어."

물론 맥락상 충분히 '김 대리가 나를 믿는지 모르겠다'는 의미를 추론할 수 있다. 하지만 상황이나 듣는 사람 입장에 따라서는 오해의 소지가 생길 수 있다. 나는 김 대리를 믿는데, 박 부장이 나를 믿는지, 팀원들이 나를 믿는지 등등, 경우에 따라 충분히 오해해서 들을 가능성이 있다.

특히 일상적인 대화가 아닌 업무 보고나 중요한 상황 설명을 하는 경우 주어가 빠지면, 도무지 알 수 없는 말이 되어 듣는 사람의 짜증을 유발할 수 있다.

"A 제품은 지난달 6만 대를 팔아서, 작년 8월보다 25.2% 증가했습니다."

도대체 뭐가 증가했다는 걸까? 시장점유율? 매출액? 수량? 듣는 사람을 배려해 완전한 문장을 구사하기 위해서는, 가장 중요한 주어만큼은 절대 빼먹지 않아야 한다.

말은 원래 완벽하지 않다. 내 생각을 꺼내어 직접 보여줄 수 있는 게 아닌 이상, 말은 그저 생각을 날라주는 그릇일 뿐이다. 그리고 그 그릇을 해석하는 사람의 생각이나 방식 또한 저마다 다르기 때문에 오해가 생겨난다. 말 그릇에 내 생각을 가능한 한 흘리지 않고 담기 위해서는, 오해가 없도록 정확하게 말하는 습관이 필요하다.

머릿속을 도화지 삼아

친구는 제법 요리를 할 줄 아는 남자다. '요알못'* 인 내가 은근히 부러워하는 점이기도 하고, 본인 스스로도 이를 자랑삼아 말한다. "너는 얼굴이 안되면 그거라도 잘해야지"라며 친구를 놀리면서도, 속으로는 녀석의 요리 실력이 부럽기만 하다. 특히 친구의 요리 사진이 SNS에 올라오고, '자상한 남편', '요섹남'** 등의 댓글이 달리면 왠지 모를 질투심마저 샘솟고는 한다.

하루는 친구와 당구를 치고 있는데, 친구의 아내에

* '요리를 잘 알지 못하는 사람'을 뜻하는 신조어.

** '요리 잘하는 섹시한 남자'를 뜻하는 신조어.

게 전화가 걸려왔다. 당구에 집중하느라 친구가 스피커폰으로 통화를 하는 바람에, 나도 통화 내용을 엿듣게 되었다. 친구의 아내가 친구에게 어떤 요리를 해달라고 부탁하는 내용이었고, 친구는 아내에게 이런저런 식재료를 사라고 요청했다.

'요리를 잘하면 누구한테 저렇게 명령조로 이야기할 수도 있구나…….'

또 한 번 부러움이 밀려온다. 뭐라도 트집을 잡아야겠다. 아니나 다를까, 친구가 하는 말이 영 정리가 안 되어 있다. 내가 친구의 아내라면 짜증이 폭발할 것 같다.

"응, 여보. 일단 냉장고에 배가 있는지 확인해보고…… 아, 맞다. 우유도 없을 거야, 파도 없고……. 아, 보자. 그러고 보니 양파하고 레몬도 좀……. 버터도 없을 거야. 치즈도 있으면 더 좋고."

아내와의 통화를 끝내고 어쩐지 자신감이 승천한 친구에게 괜한 시비를 걸어본다.

"아주 그냥 막 부려먹네. 근데 좀 정리를 해서 시키지 그러냐."

"정리? 뭘 어떻게 정리해, 듣는 사람이 알아서 정리하는 거지."

"그래, 내가 너처럼 말하는 사람들 때문에 먹고 산다. 네가 방금 말한 방식이 전형적인 '나열식 말하기'야. 그것보다는 좀 더 구조화된 말하기 방식이 설명에 유리해. 잘 봐봐."

네가 말한 방식

배, 우유, 파, 양파, 레몬, 버터, 치즈

내가 추천하는 방식

야채: 파, 양파

과일: 배, 레몬

유제품: 우유, 버터, 치즈

아래와 같은 방식이 바로 구조화된 방식이다. 둘이 뭔 차이가 있나 싶겠지만, 정보를 그저 나열하는 방식과는 달리 구조화된 말하기 방식은 공통된 속성끼리 묶어 큰 그림부터 이야기한다. 즉, 생각나는 대로 말하는 것이 아니라 차곡차곡 정리하며 상대방의 머릿속에 그림을 그리듯이 설명하는 것이다.

한마디로 듣는 사람의 머릿속에 'Room(방)'을 만들어 이야기하는 방식이다. 말하고자 하는 내용에 맞는 틀을 먼저 그려주고, 각각의 틀 안에 정보를 집어넣어주는 방식이라서 정리도 잘되고 이해하기도 쉽다. 만약 나라면 아내에게 이렇게 요청했을 것이다.

"여보, 일단 요리를 하려면 야채, 과일, 유제품류가 필요해. 먼저 야채류 중에서는 파랑 양파를 사고……"

이렇게 말하는 것이 설명하는 데 더 유리하고 상대방을 이해시키기 쉬운 이유는, 우리 뇌가 정보를 처리하는 방식과도 관련이 있다. 우리 뇌는, 정리되어 있지 않은 단편적인 정보들은 그냥 흘려보내는 경향이 있는 반면, 큰 틀에 맞춰 구조적으로 입력된 정보는 더욱 쉽게 이해하고 더욱 잘 기억한다. 재킷, 셔츠, 팬츠 등 그 종류가 체계적으로 정리된 옷 가게와 옷들이 마구잡이로 흩어져 쌓여 있는 떨이 코너를 비교해보면 알기 쉽다. 무슨 옷이 어디에 있는지, 입력되는 정보들이 머릿속에 훨씬 잘 박히는 쪽은 누가 뭐래도 전자일 것이다.

아직 잘 모르겠다는 표정인 친구에게 예를 한 가지 더 들어준다.

"내가 지금부터 너한테 자기소개를 해볼게."

"갑자기 뭔 자기소개야?"

"일단 들어봐봐. 지금부터 너한테 내 '장점'과 '단점'을 이야기할 거야. 어때? 내가 이렇게 말하는 순간, 네 머릿속에 장점이라는 방과 단점이라는 방이 생겼을걸? 그러고 나서 내가 '장점은요……' 하고 이야기하면, 네 머릿속에 만들어진 장점이라는 방 안에 내가 말하는 정보들이 쌓이는 거야. 그래서 정리가 잘되고 빨리 이해되는 거지. 안 그러냐?"

'요잘알'* 친구에 대한 나의 소심한 복수를 끝내고, 집으로 돌아와 TV를 켰다. <개그콘서트>에서 마침 '애매한 것을 정리해주는 남자'가 나오고 있다. 오늘의 주제는 '지인 결혼식 축의금으로 얼마가 적당한가'였다. 3만 원은 택시로 따지면 기본요금이고, 5만 원을 내야 하는 때는 언제인지가 관건이었다. 이때 애정남 최효종 씨가 구조화된 말하기 방식으로 명쾌한 정리를 해주었다.

비수기 5만 원
성수기 3만 원

정말이지 머리에 쏙 들어온다. 말 그대로 내 머릿속에 그림을 그려주고 있었다. 만약 최효종 씨가 이렇게 말하지 않고, "1월에 5만 원, 2월에 5만 원, 3월에 3만 원, 4월에 3만 원……12월에 5만 원"이라고 나열식으로

* '요리를 잘 아는 사람'을 뜻하는 신조어.

말했다면 이걸 한 번에 알아듣고 기억하는 사람이 과연 있었을까?

생각이 많은 것은 득인데, 그 생각이 정리되지 않는 것은 독이다. 가끔 정리하지 않고 말하는 사람을 보면, 해독시켜주고 싶다는 생각이 든다. 말을 잘하는 사람은 본인의 머릿속 정보를 판화로 찍어서 상대방에게 똑같이 전달해준다는 생각으로 말한다. 이처럼 뭔가를 설명하거나 정보를 정확하게 전달하고자 할 때는 구조화된 말하기 방식을 선택해보자. 설명의 달인까지는 못 되더라도, "이 친구, 말 좀 할 줄 아네"라는 칭찬 한마디 정도는 들을 수 있을 것이다.

3의 마법

'3의 법칙'이란 어떠한 정보를 제시할 때, 세 가지를 제시하면 좋다는 이론이다. 사람의 뇌는 정보를 받아들일 때 한 개나 두 개의 정보가 유입되면 '뭔가 적다', '부족하다'는 생각을 한다. 반면 네 개 이상의 정보가 유입되면 '많다', '복잡하다'는 생각을 한다. 이때, 적지도 않고 많지도 않은 숫자가 딱 '3'인 것이다. 그래서 기획이나 컨설팅 업계에서는 3을 '적음의 끝'이자, '많음의 시작'을 의미하는 숫자라고 말하며 많이 활용하고 있다.

프레젠테이션의 대가이자 스피치의 달인으로 불렸던 스티브 잡스도 3의 법칙을 아주 잘 활용한 인물이었다. 특히 명불허전이라 불리는 스탠퍼드 대학의 졸업식 축사에서 그 장면이 잘 드러난다. 대학을 나오지 못한 스티브 잡스가 미국 최고의 명문 스탠퍼드 대학의 졸업식장에 섰다. 개인적으로 크나큰 영광이고 대단한 기회이기에 졸업생들에게 하고 싶은 말이 많았을 것이다. 하지만 스티브 잡스는 이런 말로 연설을 시작했다.

"Today I want to tell you 3 stories from my life. That's it. No big deal. Just 3 stories.(오늘 저는, 여러분께 제 인생에 대한 세 가지 이야기를 해볼까 합니다. 대단한 이야기

는 아닙니다. 딱 세 가지입니다.)"

그러고 나서 그는 'Connecting the dots(삶의 연관성)', 'Love and loss(사랑과 이별)', 'Death(죽음)'에 관한 세 가지의 이야기로 연설을 마무리했다. 물론 연설의 내용도 좋았지만, 많은 것을 말하지 않고 딱 세 가지만 이야기했기에 더욱 많은 사람들이 기억하는 명연설이 될 수 있었던 것 아닐까?

'모든 것이 중요하다'는 건, '아무것도 중요하지 않다'는 뜻과 같다. 설명의 순간, 설득의 순간에서 되도록 많은 이야기를 하고 싶겠지만, 거두절미하고 세 가지만 딱 잘라 말해보자.

"핵심은 세 가지입니다."
"이 상품의 특징은 세 가지입니다."
"A 시장 진출의 근거를 세 가지 측면에서 분석해봤습니다."

숫자의 힘

친구가 강의를 끝내고 전화를 했다. 돈 좀 벌었다면서 고기를 사준다고 한다. 공짜 고기를 마다할 자 누구인가. 흔쾌히 수락하고 고깃집으로 달려간다. 친구는 강의 끝내고 먹는 술이 가장 맛있다면서 자리에 앉기도 전에 이야기를 시작한다. 강의 내용과 교육생 반응에 대한 브리핑이다. 아니 정확하게 말하면, 자랑질에 가까운 이야기였다.

"오늘 A 기업 대강당에서 강의했는데, 교육생 진짜 많더라. 근데 또 내가 누구냐. 거기에 주눅 들지 않고, 올킬 했다는 거 아니겠냐. 교육생들 만족도도 엄청 높았고, 담당자도 진짜 좋아했어. 설문조사 결과도 역대

급으로 잘 나왔어."

이 정도로 자랑하는 거면 진짜 잘하기는 했나 보다. 그런데 왠지 모르게 모호하게 들리고, 확 와닿지 않는 것은 기분 탓일까?

"교육생이 진짜 많다는 게 얼마나 많다는 거냐?"

"가만있어 보자……. 음…… 대충 한 200명은 되는 거 같았어."

"설문조사 결과가 역대급으로 잘 나왔다는 건 얼마나 잘 나왔다는 거냐?"

"그걸 내 입으로 꼭 말해야 되냐? 5점 만점에 4.6점."

여기까지 듣고 있던 친구는 뭔가 알아차렸다는 듯이 소주잔을 탁 내려놓고는, 황급히 내 말을 가로막는다.

"오늘은 내가 먼저 말할게. 그래서 네가 하고 싶은 말은, 정확한 숫자로 말하라는 거지? '엄청', '잘', '매우', '빨리' 같은 게 애매모호하니까 숫자로 이야기하라고. 내가 알면서도 깜빡했네."

평상시에 하는 일상적인 대화에까지 정확한 숫자로 이야기할 필요는 없다고 생각한다. 하지만 보다 분명한 의사 전달이 필요하거나, 명확한 정보 전달이 필요한 경우에는 '꽤', '잘', '많이', '빨리', '가깝다', '멀다' 등 주관적인 판단이 가능한 단어는 정확한 숫자로 바꾸어 이야기하는 편이 훨씬 더 좋다.

시간을 강조할 때
"최대한 빨리 좀 끝내." → "오늘 오후 6시까지 끝내."

성과를 어필할 때
"진짜 잘했습니다." → "매출을 20% 향상했습니다."

정도를 나타낼 때
"거의 다 왔어." → "1km 남았어. 5분 후에 도착해."

굳이 잔소리 하지 않아도 내가 할 말을 알아챈 친구가 기특하다는 생각을 하며, 한 스텝 더 나가본다.

"그래, 숫자로 말해야 명확하게 들린다고. 근데 중요한 게 한 가지 더 있어. 네가 강의 만족도를 4.6점이라고 말했잖아? 사실 그렇게 말하면 잘했다는 건지 못했다는 건지 확실하게 이해하기 어려울 수도 있어."

"그거 진짜 잘한 거야. 와, 이건 좀 억울하다."

"근데 그건 어디까지나 너만 알고 있는 사실이잖아. 안 억울하려면 한마디만 추가하면 돼. '평균 4.0 정도 나오는데, 내가 4.6이다'라든가, '작년에 강의했던 사람은 4.2가 나왔는데, 나는 4.6이 나왔다'고 말하면 훨씬 더 명확해져. 네가 말한 숫자가 좀 더 의미 있으려면 비교 대상이 있어야 하는 거지. 경쟁사, 이전 기록, 목표 등등."

이런 표현은 특히 성과를 어필하거나, 좋은 일을 자랑할 때 조금 더 효과적이다. 예를 들어 "이번 달 매출 5억 찍었어. 대단하지 않냐"라는 말을 들은 상대방의 반응은 어떨까? "오, 잘했어. 대단하네!"를 기대한다면 큰 오산이다. 해석의 기준이 없는 탓에 상대방은 속으로 '그래서 많다는 거야, 적다는 거야'라는 생각을 할 것이다. 기대한 반응을 이끌어내려면 상대방에게 해석의 준거를 마련해주어야 한다. 바로 이때, 비교를 통해 그 준거를 제시하는 방법이 효과적인 것이다.

"경쟁사 대비 2억이 많아."
"목표 대비 10%가 높아."
"지난달 대비 15% 향상된 거야."

이처럼 비교를 통한 설명이 먹히는 이유는, 평소 우리 뇌가 기존의 것과 비교하여 그 차이를 인식하려는 경향이 있기 때문이다. 상대방에게 먼저 비교 대상을 인식시킨 뒤에 말하고자 하는 핵심을 이야기하면, 그 숫자의 의미가 더욱 명확하게 전달될 수 있다.

여기까지 하고 끝낼 수도 있지만, 오늘 친구의 컨디션이 나쁘지 않은 듯하여 끝까지 가보도록 한다.

"여기에 한 가지만 더 추가하면 완벽하다고 할 수 있는데, 바로 상대방이 이해하기 쉬운 숫자로 바꿔주는 거야. 예를 들어 내가 예전에 <서민갑부>라는 프로그램을 보는데, 어떤 냉면집이 한 달에 2만 그릇을 판다는 거야. 그걸 듣는데 속으로 이런 생각이 들더라. '그래서 도대체 얼마나 많이 판다는 거야?' 감이 안 오더라고. 그때 마침 딱 이런 문구가 나오는 거야. '1분에 1그릇 판매'. 느낌이 바로 오지 않냐?"

헷갈리게 하는 숫자 표현을 듣는 사람이 이해하기 쉬운 숫자로 바꿔 표현하면 그 의미가 곧바로 전해질 수 있다. 이러한 방식은 홈쇼핑 쇼호스트의 화법에서도 많이 발견된다.

"여러분, 이 제품은 지금까지 540만 개가 팔린 제품이에요. 즉, 대한민국 20대 여성 3명 중 1명이 쓴 제품입니다."

술자리가 끝나고, 입가심이나 할 겸 근처에 있는 아이스크림 가게를 찾았다. 형형색색의 아이스크림을 31개나 보니 갑자기 가족 생각이 났는지, 친구는 집에 포장해 갈 아이스크림을 주문한다. 점원이 묻는다.

"손님, 가시는 곳까지 얼마나 걸리죠?"
"꽤 오래 걸려요. 드라이아이스 많이 넣어주세요."

점원의 당황스러움이 나에게까지 전해져온다. 그 즉시 친구의 옆구리를 세게 찌르면서 내가 한마디 거들어 본다.

"30분 정도 걸립니다."

점원 웃으면서, 이렇게 대답한다.

"3분 정도 소요됩니다. 잠시만 기다려주세요."

결정적인 한 방

사실 나는 친구에게 있어 은인이나 다름없다. 서른다섯 살까지 변변한 연애 한 번 못해본 친구에게 나는, 정말이지 헌신적으로 소개팅 자리를 마련해주었다. 어림잡아 30번은 해주었고, 그 노력 끝에 친구는 결혼에 골인할 수 있었다. 그 30번의 소개팅을 해주기까지 우여곡절도 참 많았다.

처음 친구에게 소개팅을 해주면서 조심스레 물었다.

"너는 이상형이 어떻게 되냐?"
"나는 그냥 착하면 돼."

첫 시도는 불발이었다. 내가 너무 순진했다. 세상

착한 사람들을 다 소개해줬는데, 친구의 마음에는 들지 않는 눈치였다. 망할 놈이 처음부터 솔직하게 이야기할 것이지, 빼박 내숭이었다. 그다음부터는 은근슬쩍 요구 조건을 하나둘 추가해온다. 종교는 어쩌고저쩌고, 직업은 어쩌고저쩌고 말이 많아졌다. 소개팅 횟수가 20번을 넘어갈 때쯤이 되자, 서서히 본색을 드러내며 외모에 대한 요구 조건까지 제시한다.

"나는 일단 머리가 길고, 약간 통통하고, 동글동글한 얼굴에 보조개가 있었으면 좋겠어. 성격은 밝고 명랑하고, 예의 바르고. 아, 맞다. 애교도 있었으면 좋겠네."

'그런 여자가 널 왜 만나냐?'라는 말이 목구멍까지 치밀어올랐지만, 어디까지나 이상형이기에 참고 넘어간다. 모호한 요청보다는 구체적인 것이 낫다 싶기도 하다. 친구의 설명이 꽤 구체적이라 대충 어떤 사람을 원하는지는 알 수 있었지만, '이거다' 하고 한 번에 감이 오지는 않는다. 게다가 들을 때는 알겠는데, 돌아서면 친구가 무슨 말을 했었는지 잘 기억이 나지 않는다. 그렇게 정확히 30번째 소개팅을 주선하는 자리에서 다시 한번 친구의 이상형 설교가 시작된다. 지루하게 이어지는 친구의 설명을 딱 끊고, 이렇게 말했다.

"야, 그럼 뭐야. 한마디로 홍진영 같은 스타일이네."

"그치. 딱 그거지."

그렇게 성사된 소개팅은 성공적이었고, 친구는 자기 눈에만 홍진영 씨로 보이는 사람을 만나서 지금까지 잘 살고 있다. 단언컨대 친구가 처음부터 이상형을 '홍진영 같은 스타일'이라고 이야기했다면 좀 더 빠르게 지금의 아내를 만날 수 있지 않았을까 생각해본다. 친구가 누구나 잘 알고 있는 정보에 새로운 정보를 빗대어 표현했다면, 더욱 쉽고 정확하게 친구의 요구사항을 파악할 수 있었을 테니 말이다.

기본적으로 사람의 뇌 구조는 저마다 다르다. 같은 정보가 유입돼도 지금까지 쌓아온 경험과 지식에 따라 각기 다른 방식으로 정보를 처리한다. 예를 들어 '얼굴이 동글동글하다'는 말에서 동글한 정도를 사람마다 완전히 다르게 해석할 여지가 있으며, '긴 머리' 역시 마찬가지다. 내 머릿속에 있는 정보를 꺼내서 상대방의 머릿속에 직접 입력해주고 싶지만 사실상 불가능한 일이다. 때로는 그림을 그려가며 설명하고 싶은 충동이 들기도 하지만, 그마저도 쉬운 일은 아니다. 이때 가장 효과적으로 설명을 할 수 있는 방법이 있다.

가장 위대한 일은 비유의 대가가 되는 일이다.

-아리스토텔레스

'비유'는 쉽게 말해, 내가 말하고자 하는 것을 상대방이 이미 알고 있는 대상에 빗대어 표현하는 것이다. 예를 들어, 예전에 유일무이한 대한민국의 댄싱퀸 김완선 씨를 설명할 때 사람들은 '한국의 마돈나'라는 표현을 썼다. 세계적으로 잘 알려진 팝스타 마돈나에 빗대어 김완선 씨를 표현함으로써, 사람들은 '김완선 씨가 춤도 잘 추고 노래도 잘하는 댄스 가수구나'라고 한번에 알 수 있었다. 마찬가지로 최근 성수동에 자리 잡은 카페 '블루보틀'을, 사람들은 '커피 업계의 애플'이라고 표현하곤 한다. 그러면 그곳이 정확히 어떤 곳인지는 몰라도, 누구나 잘 아는 '애플'의 이미지를 떠올리며 대충 그 느낌을 파악할 수 있는 것이다. 이처럼 비유를 잘 사용하면 내가 말하고자 하는 내용을 더욱 효과적으로 전달할 수 있다.

우리 뇌는 새로운 정보가 유입될 때, 이미 축적되어 있는 정보와 연관시켜 해석하려는 경향이 있다. 그래서 상대방이 이미 알고 있는 개념에 빗대어 말하면, 보다 이해하기 쉬운 설명이 가능한 것이다.

또한 비유적인 표현을 사용하면 의미 전달이 쉽기도 하지만, 조금 더 재미있고, 재치 있게 말한다는 느낌을 줄 수도 있다.

"어제 술 많이 먹었지? 해장하러 가야지. 내가 죽이는 해장국집 알아놨다. 진짜 좋은 재료가 다 들어가서 제대로 해장할 수 있는 집이야. 한마디로 '해장국계의 에르메스'라고 할 수 있지."

'해장국이 그냥 해장국이지, 해장국에도 뭔 명품이 있나' 딴지를 걸고 싶다가도, 왠지 모르게 웃음이 나고, 똑같이 농담으로 받아치고 싶은 마음이 생긴다.

"그래, 위장에 명품 한번 감아보자. 고고싱!"

출산의 고통에 대해 전혀 감이 없는 남자들에게 그 고통의 정도를 표현할 때에도 "진짜 너무 힘들고 고통스러워"라고만 말하면 어쩐지 잘 와닿지가 않는데, "한라산 등반하고 내려와서, 차에 치인 기분이야"라고 말하면 더 확실히, 그리고 더 재미있게 와닿지 않을까 싶다.

40대가 된 요즘, 부쩍 머리카락이 빠지기 시작한다. 단골 미용실에서 디자이너 선생님께 고민을 털어놨다.

"선생님, 저 요즘 왜 이렇게 머리가 빠지죠?"

"쉽게 말해 두피는 땅이고, 머리카락은 벼라고 생각하시면 돼요. 땅이 건강해야 좋은 쌀이 나오겠죠? 땅이 너무 건조하거나, 너무 축축하면 문제가 됩니다. 두피도 마찬가지예요. 관리하셔야 합니다. 자기 전에 머리는 꼭 말리셔야 하고, 말리실 때 가급적 시원한 바람으로 말리시는 게 좋아요."

그 말이 끝남과 동시에 나는 추가 비용을 내고 두피 관리 서비스를 받았다. 효과는 아직 잘 모르겠지만, 비유적으로 너무 쉽게 잘 설명해준 선생님에 대한 비용으로 전혀 아깝지 않다는 생각이 든다.

비유가 가진 힘이나 효과를 정량적으로 설명할 수는 없다. 하지만 비유에는, 사람의 마음을 움직이는 힘이 있다는 것만은 분명하다. 비유로 결정적인 한 방을 날려, 하고 싶은 말을 쉽고 명확하게 딱 한마디로 표현해보자.

맛있는 대구

예전에 꼰대에 관한 글을 쓰면서, 꼰대의 특징을 표현하는 말 중에 재미있는 단어를 발견한 적이 있다. 바로 '내로남불'이라는 단어인데, 풀어 쓰면 '내가 하면 로맨스, 남이 하면 불륜'이라는 뜻이다. 꼰대의 특징을 명확하게 전달하면서도, 힘과 재미를 가진 말이라고 생각했다.

이렇게 말하는 방법을 '대구법'이라고 하는데, 비유법과 함께 말을 재미있게 하거나 잘하는 사람들이 자주 쓰는 방법이다. 대구법은 반복과 운율, 비교되는 의미를 강조하여, 전하고자 하는 메시지에 힘을 실어준다.

예전에 SNS에서 화제가 되었던 모 취업포털 광고에도, 대구를 활용한 재미있는 문구가 등장한 적이 있다.

자기 일은 제대로 안 하면서 상사가 일을 잘하는지 감시만 하는 사원을 보며

"사원인가, 감사원인가."

밥만 먹으면 졸려하고 아무것도 하기 싫어 방전돼버리는 대리를 보며

"대리인가, 밧데리인가."

일은 안 하고 침 튀기면서 설교만 하는 차장을 보며

"차장인가, 세차장인가."

일을 받으면 끌어안고 묵히기만 하는 국장을 보며

"국장인가, 청국장인가."

길게 말하고 중언부언하는 것보다 의미가 더욱 선명하게, 또 재미있게 전달되는 것 같지 않은가?

하루는 교육 중에 그림 카드로 생각을 표현하는 실습을 진행했는데, 어느 교육생의 표현을 보고 만점을 준 적이 있다. '직장생활을 한마디로 표현하면?'이라는 질문에 그 교육생은 이렇게 답했다.

"시계는 가는데, 시간은 안 간다."

물론 순간적으로 대구법을 떠올려서 말하기는 쉽지 않다. 충분히 고민을 해야 가능한 방법이다. 하지만 그 고민의 크기만큼 내가 하는 말의 매력이 배가될 수 있다면, 고민하지 않을 이유가 없다고 본다. 특히 프레젠테이션이나 보고, 스피치를 할 때 한 문장쯤은 꼭 대구법을 활용해보기 바란다.

마지막으로 내가 가장 좋아하는 대구표현을 소개하겠다.

'틈이 있어야 못이 들어가는 게 아니고, 못을 쳐야 틈이 생긴다.'

핑계만 대고 실천하지 않는 누군가에게 써먹기 딱 좋은 대구 표현이다. 대구탕만큼 맛있는 표현이라고 생각한다.

고수의 설명법

어느 날, 친구의 강의를 참관한 적이 있다. 강의 주제는 '취업에 필요한 핵심역량'으로, 취업 준비가 한창인 대학교 4학년생들을 위한 강의였다. 학생들에게 꼭 필요한 강의라고 생각했는데, 어째 강의장 분위기가 심상치 않다. 강의 시작 10분 만에 한두 명씩 졸기 시작하고, 유튜브를 보거나, 아예 강의장 밖으로 나가는 학생들도 있었다. 친구의 강의에 크게 관심이 없어 보인다. 상황 파악을 위해 옆에 앉은 학생에게 슬쩍 물어본다.

"학생들이 수업에 관심이 없어요? 왜 반응이 이렇죠?"

"기업체 현장실습 나가려면 꼭 들어야 하는 의무 교

육이라 그래요. 다들 어쩔 수 없이 앉아 있는 거예요."

한마디로 말해 '억지로 끌려온' 학생들이었다. 무언갈 배우고 싶다거나 이번 강의의 필요성을 느끼는 학생들이 아니었던 것이다. 이런 학생들을 대상으로 친구는 이것도 중요하고, 저것도 중요하고, 취업에 필요한 역량에 대해 A부터 Z까지 설명하고 있었다. 마치 친구가 쏘는 화살들이, 학생들이 든 방패에 막혀 힘없이 땅에 떨어지는 것처럼 보였다.

그렇게 2시간이 지나고, 와이셔츠가 흠뻑 젖도록 열강을 한 친구가 나에게 다가온다.

"어때. 내용 괜찮았지?"

친구의 이마에 송골송골 맺힌 땀방울을 보니, 차마 첫마디부터 지적질을 할 수는 없었다. 우선 최대한으로 긍정적인 시그널을 보내본다.

"응, 내용은 좋네."
"'내용은'이라고? 그럼 다른 건 별로라는 얘기네?"

역시 눈치 하나는 끝내주는 녀석이다. 이런 녀석이 왜 강의를 그런 식으로 했을까 하는 의문과 함께 솔직한 평가를 들려주기로 한다.

"강의 내용은 좋은데, 일단 내용이 너무 많아. 끝나고 나면 기억나는 게 별로 없을 것 같아. 반찬은 다양하고 겉보기에도 화려한데, 실제로는 먹을 게 하나도 없는 '도련님 도시락 세트' 같다고 할까? 차라리 김치찌개 백반이나 치킨마요 덮밥이 더 나을 것 같은 느낌이야. 하나만이라도 확실하게 가르쳐주는 게 더 좋지 않겠냐?"

친구의 표정이 어두워지더니, 힘없는 변명을 내뱉는다.

"근데 어떻게 그래? 다 중요한 내용이고, 다 필요한 내용인데."

"그래, 잘 알지. 다 중요하지. 근데 그건 오로지 네 생각이지. 왜, 그런 말도 있잖아. 모든 것이 중요하다는 건, 아무것도 중요하지 않다는 말이라고. 일단 전달하고자 하는 메시지 수를 줄여. 중요한 것 세네 개만 이야기하고 끝내는 게 좋을 것 같아. 그러면서 이렇게 한번 말해봐. '핵심은……', '가장 중요한 것은……'. 그럼 사람들이 '어? 뭔가 중요한 얘긴가 보다' 하고 좀 더 관심을 가질 거야."

친구도 수긍하는 눈치다. 그러면서 구체적인 방법을 알려달라는 간절한 눈빛을 날려온다.

"나라고 뭐 딱히 정답이 있겠냐? 근데 나도 강의하거나, 내 얘기에 관심 없는 사람들한테 이야기를 하면서 깨달은 사실이 하나 있긴 해. 이런 순서로 설명하면 좀 먹히는 것 같더라고."

1. 개념/정의
2. 중요성/필요성
3. 방법
4. 사례/예시

"우선은 내가 말하고자 하는 것의 명확한 정의와 개념을 설명해. 그리고 그다음이 제일 중요해. 이게 왜 중요하고, 왜 필요한지를 확실하게 짚어주고 나서 이야기해야 집중을 하더라고."

친구가 잠시 생각을 하더니, 뭔갈 깨달은 듯이 입을 뗀다.

"듣는 사람한테 내 얘기를 들어야 하는 이유를 설명하라는 거네? 한마디로 'What'이 아니라 'Why'를 강조하라는 거지?"

"그치. 근데 여기서 멈추면 안 돼. 여기까지만 이야기하고 끝내면 '그냥 좋은 얘기 들었네'로 끝날 가능성이 높아. 왜 필요한지는 알았는데, 구체적인 방법이 없으면 공허한 이야기로 들릴 수 있지 않겠냐?"

"맞네. 가끔 교육생들 표정을 보면 '그래서 어쩌라고요?', '나보고 어떻게 하라고요?' 싶은 표정이었는데, 그래서였구나."

"여기에 마지막으로 한 가지를 더하면 금상첨화야. 관련된 사례나 예시를 들어 설명하는 거지. 구체적인 방법을 알려줘도 그게 어떻게 적용되는지를 알기는 쉽지 않거든. 이때 예시를 들어서 설명해주면 이해하기가 쉽지."

"오케이, 접수했어. 만약에 내가 '문제 해결 능력'에 대해 설명을 한다고 치면, 이렇게 얘기하라는 거지?"

1. 문제를 파악하고 해결하는 능력이다. (개념/정의)
2. 직장 내에서 발생하는 문제는 다양하고, 이러한 문제를 해결한다는 것은 곧 일을 잘한다는 것과 직결된다. 즉 문제 해결력은 '일하는 능력'과 같으니, 일을 잘하고 싶은 사람에게 가장 중요하고도 꼭 필요한 능력이다. (중요성/필요성)
3. 문제 해결의 키포인트는 바로 '원인'이다. 문제를 일으킨 원인을 찾아서, 그 원인을 제거하거나 개선하는 것이 곧 핵심 방법이다. (방법)
4. '우루사' 광고를 보면 이런 내용이 나온다. "피곤하시죠? 원인은 간 때문입니다. 간이 깨끗해야 피로가 풀립니다. 간 기능 개선제, 우루사." (사례/예시)

이렇게나 이해력 빠른 내 친구의 강의가, 앞으로는 취준생들의 방패를 뚫고, 그들의 머리에 꽂히는 날이 오기를 기원해주었다.

설명이나 설득을 하는 데 있어 가장 중요한 것은 'WIIFM'이라고 한다. 이는 'What's in it for me?'라는 문장의 앞글자를 따서 만든 말인데, '그게 나에게 무슨 의미가 있어?'라는 뜻이다. 즉 듣는 사람이 '그건 네 얘기고'에서 '아, 내 얘기구나'로 생각이 바뀌는 순간, 비로소 이야기를 들을 동기가 생긴다는 것이다. 말을 잘하는 사람들은 그 포인트를 잘 이해하고 공략한다. 여기에 더해 구체적인 방법과 관련된 사례까지 제시하는 능력을 갖춘다면, 그 누구보다 쉽고 명쾌하게 설명해주는 '프로 설명러'가 될 수 있을 것이다.

마침표 대신
물음표를

얼마 후, 다시 친구의 강의를 참관하게 되었다. 정확히는 강의 모니터링 알바였다. 친구의 강의 내용이 어떤지, 학생들의 반응은 어떤지를 확인하는 역할이었다. 2시간짜리 특강이었는데, 전달할 내용도 많고 처음 강의하는 주제라 친구는 신경이 많이 쓰이는 눈치였다.

그리고 친구의 걱정은 곧 현실로 나타났다. 강의가 시작되고 조금 지나자 몇몇 학생들이 졸기 시작하더니, 1, 2열을 제외한 나머지 학생들도 점차 그 대열에 합류한다. 모니터링을 하고 있는 나조차도 역할을 망각한 채 졸음이 쏟아지는데, 학생들은 오죽하겠나 싶다. 학생들 입장이 충분히 이해가 간다. 아무리 강의 내용이 좋아도 친구 혼자서 떠드는 데는 한계가 있는 듯했다.

게다가 강사들에게 '마의 계곡'으로 불리는 오후 1시부터 진행된 강의이다 보니, 학생들에게는 그만한 자장가가 없었을 것이다.

서로에게 힘겨웠던 2시간이 끝나고, 다소 의기소침해진 친구가 내게 와서 묻는다.

"내 강의 재미없냐? 왜 이렇게 다들 졸지?"

'실은 나도 졸았다'고 하려다가, 모니터링 알바비를 생각해 그 말만큼은 넣어두기로 한다.

"이번에도 강의 내용은 좋네. 지난번처럼 학생들이 필요성을 못 느끼는 것도 아니었고. 그렇다는 건, 전달 방식에 뭔가 좀 문제가 있었던 게 아닐까?"

친구가 수긍하면서도, 어쩔 수 없었다는 듯이 말한다.

"2시간 특강이다 보니까 참여형으로 할 수도 없고, 그렇다고 게임을 할 수도 없고, 전달할 내용은 많고……. 나도 어쩔 수가 없었다."

"그래, 이해한다. 나라도 그랬을 거 같아. 근데 이거

하나만 좀 바꿨으면 더 나았을 텐데, 네가 그걸 안 하더라."

"내가 뭘?"

친구의 강의 내용을 들어보면 대부분 이런 식이었다.

"이런 사례가 있습니다."
"이런 경우에는 이렇게 하는 것이 좋습니다."
"이때 유명인 누구는 이렇게 말했습니다."

모든 말이 전부 다 '다'로 끝나고 있었다. 이런 화법은 듣는 사람 입장에서 일방적인 전달로 여겨져, 다소 지루하게 느껴질 수 있다. 만약 이렇게 말했으면 어땠을까?

"혹시 이런 사례 들어보신 적 있나요?"
"여러분이라면 이럴 때 어떻게 하시겠어요?"
"이런 상황에서 유명인 누구는 어떻게 말했을까요?"

내용상의 변화는 없다. 다만 형식만 조금 바꿨을 뿐

이다. 이야기 중간중간 말끝에 '.(마침표)'가 아니라 '?(물음표)'를 띄워 말하는 방식이다. 이 사소한 차이가 가져다주는 결과는 생각보다 어마어마하다. 말하는 중간에 물음표를 띄우면, 가만히 듣고만 있던 사람의 뇌가 깨어나기 시작한다. 질문의 답을 찾기 위해 뇌가 활동하기 시작하면서, 지루할 겨를이 없어지는 것이다. 또한 지루함을 덜어주는 것 외에도 다음과 같은 세 가지 효과가 있다.

첫째, 말에 변화를 준다. 말에 변화를 주고자 할 때 톤, 억양, 크기 등의 변화도 중요하지만, 보다 효과적인 것은 물음표를 띄우는 방식이다. 마침표만 입력되던 상대방의 뇌에 물음표를 던지는 것으로 상대방의 뇌는 그것을 하나의 변화로 받아들이고, 뭔가 의미 있는 내용을 이야기할 것이라는 생각에 집중하게 된다.

둘째, 생각하게 만든다. 앞서 언급한 '인지적 구두쇠'라는 말처럼, 우리의 뇌는 기본적으로 게으르다. 상대방의 말을 들을 때는 최소한의 에너지를 쓰고 싶어한다. 이때 상대방의 뇌에 물음표를 한번 던져보자. 그러면 게으른 상대방의 뇌가 물음표에 대한 답을 찾기 시작하며 활동을 개시할 것이다. 게다가 질문에 대한 정답이 공개되는 순간, 의미 있는 내용을 확인했다는 일종의 카타르시스를 경험하면서, 머리를 쓴 만큼의 만족도 역시 올라가게 된다.

셋째, 참여하고 있다는 느낌을 준다. 질문 형식의 이야기를 들으면 답을 찾는 과정을 통해, 일방적으로 듣기만 할 때보다 대화에 참여하고 있다는 느낌을 더 많이 받을 수 있다. 제삼자가 아닌 그 대화의 주체가 되면서, 'Your story(저세상 딴 얘기)'가 아니라 'My story(관심 있는 내 얘기)'로 변하게 되는 것이다. 이때부터 대화의 진정한 의미가 되살아나는 것이라 할 수 있다.

"너라면 어떻게 했을 것 같아?" (의견을 묻는 질문)
"A랑 B 중에서 뭐가 더 좋아 보여?" (선택을 유도하는 질문)
"너도 그런 적 있지 않아?" (동의를 구하는 질문)
"너 A라는 거 들어본 적 있지?" (확인하는 질문)
"내가 왜 그렇게 했게?" (궁금증을 유발하는 질문)

이처럼 말끝에 물음표를 띄워 말해보자. 상대방이 훨씬 더 집중하게 되는 만큼 상대방과의 대화가 더욱 풍성해질 것이다.

며칠 후, 같은 내용으로 친구의 두 번째 강의가 진행

되었다. 나는 또 한 번 모니터 요원으로 참여했다. 자기 소개로 친구의 강의가 시작된다.

"여러분. 여기 제가 네 개의 보기를 적어놨는데, 이 중에서 저에 대한 설명으로 틀린 것은 무엇일까요?"

곳곳에서 학생들이 수군대기 시작하더니, 만장일치의 답변이 들려온다.

"3번이요! 강사님 별명이 장동건은 아닐 거 같아요."

너무 말도 안 되는 보기에 어처구니가 없었지만, 변화하기 위해 노력하는 친구의 모습이 늘 존경스럽다. 아는 걸 안다고 말하기 전에, 아는 걸 행동으로 옮기는 친구의 모습이 오늘따라 사랑스럽기까지 하다. 평가표에 10점 만점에 3점을 준다. 아직 갈 길이 먼 녀석이기 때문이다.

횡설수설 방지턱

친구와 함께 지방 출장을 가면, 숙소 예약은 보통 친구가 담당한다. 하룻밤 정도야 아무 데서나 잘 자는 나와는 달리, 친구는 숙소에 꽤나 민감하기 때문이다. 꼼꼼하게 리뷰를 살펴보고 침구류, 화장실, 소음, 주변 식당 등 많은 것을 체크한 후에 결정한다. 오늘도 친구가 숙소 문제로 심각하게 고민을 하다가 말을 걸어온다.

"야, 할 말이 있는데."

"응, 뭔데?"

"너, 출장 가거나 그럴 때 잠자리에 민감한 편이냐?"

"그렇게 민감하지는 않은데, 아무래도 신경이 아예 안 쓰이는 건 아니지."

"아니, 그게 아니라…… 호텔 방에 좀 문제가 있을 거 같아서."

"문제? 무슨 문제?"

"아니, 전주국제영화제랑 일정이 겹쳐서 숙소 잡기가 쉽지 않네. 웬만한 호텔은 다 만실이야. 지난번 갔던 관광호텔도 벌써 다 찼고."

"그러냐? 그럼 어쩌지?"

"전주 말고 완주나 다른 지역으로 알아봐야 하나?"

"완주까지? 아니 뭐, 전주에 방이 한 군데도 없다는 거야 지금?"

"아니, ○○호텔에 예약하긴 했는데, 온돌방밖에 없다고 해서 그냥 그걸로 했어. 너 괜찮겠냐?"

"그럼 처음부터 그렇게 이야기하든가. 왜 빙빙 돌려서 말해."

물론 나를 생각하며 고민해준 친구의 마음은 고맙지만, 하는 말을 듣고 있다 보니 답답함이 밀려온다. 나에게 제일 중요한 정보, 내가 듣고 싶은 내용을 먼저 이야기하고 나머지를 말해도 충분한데, 친구는 정리되지 않은 생각을 순서 없이 꺼내가며 짜증을 유발하고 있었다.

"너 지난번에도 그러더니, 꼭 그렇게 두서없이 말하더라. 차라리 처음부터 우리 방 온돌방으로 예약했다고 결론부터 말해. 그럼 듣는 내가 편하잖아. 네가 그렇게 생각한 이유나 근거는 그다음에 얘길 해. 그게 듣는 사람을 위한 말하기 방식이야. 한마디로 'PREP' 방식으로 이야기하라고."

"PREP? 그게 뭔데?"

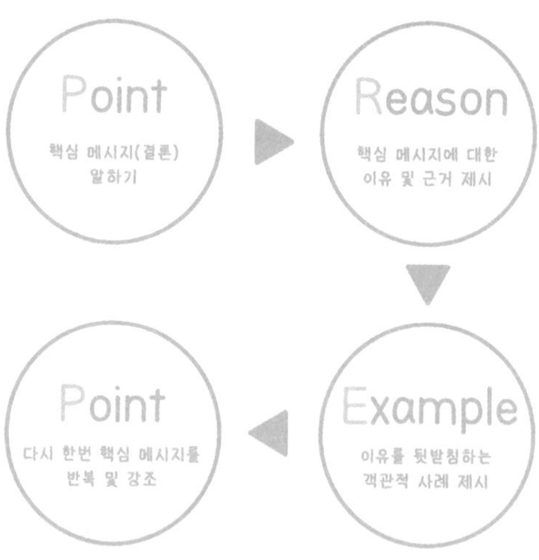

"쉽게 말해 결론부터 이야기하고, 그렇게 생각하는 이유를 말한 다음에 사례를 들어 그 이유를 뒷받침하

고, 다시 한번 결론을 이야기하는 방식이야."

"근데 이런 걸 꼭 외워야 하냐? 난 무슨 공식처럼 이런 거 만들어놓고 설명하는 거 되게 싫던데……."

"나도 처음에는 그랬는데, 나름 유용하더라고. 이런 걸 말하기의 '프레임'이라고 하는데, 갑작스럽게 답변해야 할 때나 뭔가를 주장하고 싶을 때, 정리되지 않은 생각을 그대로 꺼내면 상대방이 알아듣기가 쉽지 않지. 그럴 때, 일단 이 프레임을 먼저 떠올리고 나서 자연스럽게 그 순서대로 말하는 거야. 짜여진 틀에 집어넣기만 하면 되니까, 비교적 쉽지 않겠냐?"

"듣고 보니 그렇네. 필요한 순간에 PREP이라는 주머니를 딱 꺼내놓고, 거기에 내 생각을 정리해서 말하라는 거지?"

"그치. 게다가 너 평소에 보고할 때 제일 많이 듣는 말이 '그래서 하고 싶은 말이 뭐야?' 또는 '결론이 뭐야?'랬지? 너 같은 애들한테 딱이야."

PREP은 고대 그리스 시대부터 활용하던 인류 최고의 설명법으로, 결론을 먼저 말한다는 것이 가장 큰 특징이다. 보통 장황하게 말하거나 두서없이 말하는 사람들을 보면, 자기 머릿속에 떠오르는 순서대로 말하는 경향이 있다. 어떠한 배경이나 근거에 의해서, 이런 저런 사고 과정을 거쳐 하나의 결론을 만들어내고, 그 순서 그대로를 상대방에게 말한다. 이걸 정확히 뒤집어 말하는 방식이 바로 PREP 기법인 것이다. 예를 들어 "하늘을 보니 먹구름이 잔뜩 끼었네. 곧 비가 오겠군. 그러니까 너 우산 가지고 나가"라는 말을 PERP으로 이야기하면 다음과 같다. 보다시피 말의 순서가 정확히 뒤집혀 있다.

"우산 가지고 나가. (결론) 곧 비 올 거야. (이유) 하늘 보면 먹구름이 잔뜩 끼어 있거든. (객관적 근거)"

이렇게 결론부터 말하는 방식에는 세 가지 장점이 있다. 먼저, 결론부터 말하는 것으로 듣는 사람의 관심을 잡아둘 수 있다. 둘째, 궁금한 것을 먼저 이야기함으로써 대화의 효율성을 높일 수 있다. 그리고 마지막으로, 우리 뇌의 정보 처리 방식에 비추어봐도 훨씬 효과적이다. 뇌는 이미 유입된 정보와 연관시켜 이후에 유입되는 정보들을 처리한다. 결론을 먼저 이야기하면, 뒤에 나오는 이야기들이 자동적으로 결론과 연관되어 해석되기 때문에, 이야기가 더욱 효과적으로 전달될 수 있는 것이다.

이미 유입된 정보와 관련지어 새로운 정보를 처리

결론을 먼저 말한 후에는, 이유와 근거를 들어 이를 뒷받침한다. '이유'와 '근거'는 모두 결론을 뒷받침한다는 공통적인 특징이 있지만, 사실 두 단어에는 결정적인 차이가 있다.

이유 결론이 왜 그래야만 하는지에 대한 생각 (추론적인 측면)
근거 결론에 대한 실질적 배경 (사실적인 측면)

이유만 제시해서 이해되는 상황도 있지만, 보다 확실하게 설명하기 위해서는 사실적인 정보로서의 근거나 사례가 뒷받침되어야 한다. 통계, 데이터, 사례, 기사, 법적·기술적 내용, 관찰된 사실, 실제 경험 등이 근거에 해당하며, 이 밖에도 상대방에게 사실로 인식될 수 있는 내용이라면 전부 근거로 활용할 수 있다.

우리나라는 음주 운전 하는 사람들이 많다. (결론)
음주 문화에 관대하기 때문이다. (이유)
설문조사 결과, 72%가 소주 반병을 먹고 운전하는 것은 괜찮다고 답했다. (근거)

PREP의 마지막은 단계는 다시 한번 결론을 말하는 것이다. 이른바 수미쌍관 방식으로, 이야기의 처음과 끝을 '결론'으로 감싸는 방식이다. 결론을 강조해주는 것은 '최신 효과'* 와 관련이 있다. 사람은 마지막에 들은 정보를 가장 오래 기억하는 경향이 있다. 결론을 가장 마지막에 또 한 번 강조함으로써, 상대방의 머릿속

* 가장 나중에 혹은 최근에 제시된 정보가 가장 잘 기억에 남는 현상.

에 내가 하고 싶은 말을 좀 더 강력하게 심어줄 수 있는 것이다.

친구와의 대화가 끝날 때쯤, 친구의 딸아이가 유치원에서 돌아온다. 책가방을 풀기도 전에 아빠를 찾더니, 이렇게 말한다.

"아빠, 밥 줘. 배고파. 오늘 아침 10시부터 지금까지 아무것도 못 먹었어. 라면이랑 김밥 해줘."

'와, 얘는 유치원에서 PREP을 배운 애인가? 아빠보다 낫네.' 감탄하기 무섭게 식사를 준비하는 친구를 보며, 'PREP이 효과가 있긴 있네' 싶었다.

정리정돈 삼대장

앞서 설명한 PREP 기법 이외의 말하기 프레임으로, 면접이나 상황 보고 시 활용할 수 있는 'STAR' 기법과 판매나 제안 영업 시 활용할 수 있는 'FABE' 기법을 소개하겠다.

STAR 기법

상황 보고나 면접에서 많이 활용되는 기법으로, 기승전결의 논리를 갖춰 '스토리'로 말하는 기법이다. 특히 면접 상황에서 나의 특장점을 설명할 때 이 기법을 사용하면 효과적일 수 있다.

Situation(상황) 상황의 발생 원인 및 경과
Task(과제) 나의 역할 및 해결해야 할 과제
Action(행동) 내가 취한 행동 및 해결책
Result(결과) 행동에 대한 성과 및 실패 요인, 교훈 등

"평소 체력이 약해서 오래 서 있지 못하고, 조금만 걸어도 힘이 들었습니다. (상황) 그래서 마라톤을 배우기로 결심했습니다. (과제) 하루 30분씩 매일 뛰기 시작했고,

지금은 하프 마라톤 완주에도 성공한 상태입니다. (행동) 마라톤을 배우면서 체력이 강해졌고, 어떤 일이든지 한번 시작하면 포기하지 않는 끈기가 생겼습니다. (결과)"

STAR 기법에서 핵심은 '행동'이다. 문제 상황에서 결국 내가 어떤 행동을 했는지가 중요하다. 상황과 과제는 최대한 간략하게 제시하고, 행동 부분을 구체적으로 이야기하는 것이 좋다.

FABE 기법

FABE 기법은 대면 판매나 제안 영업에서 제품 및 서비스를 소개할 때 활용하기 좋은 말하기 프레임이다.

Feature(특징) 제품, 서비스의 기능 및 특징
Advantage(장점) 제품, 서비스의 장점, 강점
Benefit(이익) 제품, 서비스를 통해 얻을 수 있는 이익 및 혜택
Evidence(증거) 제품, 서비스의 구매 및 이용 사례, 통계자료, 후기

"이 핸드폰의 가장 큰 특징은, 고사양 디스플레이의

큰 화면입니다. (특징) 영화나 드라마를 볼 때 굉장히 좋아요. (장점) 평소에 작은 화면 때문에 중요한 장면 많이 놓치시죠? 이 핸드폰으로는 그럴 일이 없어요. 게다가 고사양 디스플레이 덕에 장시간 핸드폰을 봐도 눈에 피로감이 전혀 없습니다. (이익) 고객님과 같은 50대 여성분들이 많이 선택하는 제품이에요. (증거)"

FABE 기법의 방점은 '이익'과 '증거'에 찍힌다. 아무리 제품의 특징과 장점이 훌륭하더라도, 나에게 아무런 이익이 되지 않으면 마음이 움직이지 않기 때문이다. 또한 고객의 마음에 확신을 얻기 위해서는 구체적인 근거가 뒷받침되어야 한다. 유명한 누구누구가 쓴다거나, 많은 사람들이 사용한다는 등 성공적인 구매 후기를 예로 들어 설명하면 된다. 이때 고객과 비슷한 상황이나 처지에 있는 사람의 사례는 조금 더 확실한 설득 수단이 될 수 있다.

얼마 전 세무서 계약을 하는데, 세무사분이 마지막에 이렇게 말했다.

"저희 세무서 고객 중 90%가 고객님과 비슷한 프리랜서입니다. 그중 절반 이상이 매년 계약을 갱신하고 있고요."

더 이상 망설일 이유가 없어지는 한마디였다.

책임은 나에게

친구와 만나기로 한 날, 직전 미팅이 끝나지 않았는지 카페 한 귀퉁이에서 친구가 다른 사람과 이야기를 하고 있다. 시간관념 하나는 제대로 없는 놈이다. 이럴 거면 천천히 오라고 할 것이지, 왜 빨리 오라고 한 건지 이해가 안 간다. 어디서 기다려야 하나 두리번거리고 있는데, 나를 발견한 친구가 다급하게 손짓을 하며 자기 옆자리에 앉힌다. 딱히 앉을 자리도 없기에, 잠시 친구 옆에 앉아 친구와 친구 후배의 대화를 들어본다.

친구는 후배에게 이것저것 업무 지시를 한다. 20분간 끝도 없이 이어지던 설명이 끝나고, 친구가 대화를 마무리 짓는다.

"상철아, 이해했지? 다 알아들었지?"

후배는 약간 당황하는 것 같더니, 대답을 하고 자리에서 일어선다.

"넵……. 일단 제가 한번 알아보고 다시 연락드릴게요."

그렇게 친구의 후배가 후다닥 자리를 뜨고, 친구에게 인사 대신 지적질을 해본다.

"저게 다 알아들은 표정이냐? 난 아무리 봐도 '네 말이 뭔 말인지 모르겠소' 하는 표정 같은데……."

"'넵'이라고 했잖아. '넵'은 강한 확신의 표현 아니냐?"

"요즘에는 다 '넵넵넵' 해. 오죽하면 '넵병'이라는 말도 있잖아."

"그러냐? 그럼 어떡하지? 다시 불러? 하다가 모르면 다시 전화하겠지, 뭐."

"네가 일부러 그런 건 아니겠지만, 아마 네가 '이해했지?'라고 말하는 순간 네 후배는 일종의 심리적인 부담감을 느꼈을 거야. 네 말 속에 '나는 제대로 설명했으니, 그걸 이해 못하면 네가 바보'라는 식의 전제가 깔려 있거든. 그 책임감 때문에 '아니요', '모르겠는데요'라고 말하기가 어려워지는 거지. 또 네가 다그치듯이 몰아세우기도 했고, 오늘 처음 보는 나까지 옆에 있는데 모른다고 하기가 쉽지 않았을걸?"

"그럼 내가 어떻게 말했어야 되냐?"

이해의 책임을 상대방에게 지우지 마라.

-인지심리학자 김경일 교수

나는 대답 대신 신문 칼럼에서 본 아주대학교 심리학과 김경일 교수의 이야기를 들려줬다. 김경일 교수는, 내가 한 말을 상대방에게 확인하고자 할 때, '인칭'에 변화를 주어야 한다고 이야기한다. 즉, 이해의 책임을 상대방에게 지우는 방식이 아니라, 내가 설명의 책임을 지는 방식이다.

"내가 제대로 설명한 거니?"

이렇게 말하는 순간, 상대방은 책임의 무게를 내려

놓는다. 조금 더 쉽게 "아니요, 한 번 더 설명해주세요" 라고 말할 수 있게 된다.

며칠이 지나고, 친구에게 전화가 왔다. 왠지 모르게 목소리가 조금 들떠 있다. 왜 이렇게 호들갑인가 했더니, 신기한 일을 발견했다며 숨도 안 쉬고 떠들기 시작한다.

"진짜 신기한 게 뭔지 알아? 생각해보니까, 내가 강의를 하면서 뭔가 설명을 끝내고 사람들한테 '이해했죠? 알아들었죠?'라고 물으면 한 명도 아니라고 안 하거든? 근데 표정을 보면 다들 모르겠다는 표정인 거야. 한마디로 얼굴과 입이 따로 놀고 있는 거지. 그래서 '저게 알았다는 거야, 모르겠다는 거야' 하고 맨날 궁금했어. 근데 네가 알려준 대로 말을 좀 바꿔봤다? '제가 제대로 설명한 건가요?', '제가 충분히 알아듣게 말한 건가요?'라고. 그러니까 신기하게 그때부터 한두 명씩 손을 들고, 좀 더 설명해달라고 하더라. 한 번 더 설명해야 하니까 내가 힘들긴 한데, 뭔가 제대로 강의한 거 같아서 기분이 좋더라. 고맙다."

내 얘기를 잘 듣고 실천에 옮겨준 친구가 내심 고맙기는 하지만, 아직 갈 길이 먼 녀석에게 칭찬은 금물이다.

"네가 나한테 고마운 게 한두 가지냐."

설명을 할 때 대부분 '나는 잘 설명했고, 다음은 네 책임이야'라는 식으로 말을 한다. 자신이 설명한 것에 대해서 한 번의 의심도 하지 않으며, 개떡같이 말해도 찰떡같이 알아들을 것이라 생각한다. 그러나 개떡은 어디까지나 개떡일 뿐이다. 찰떡같이 알아듣게 하기 위해 이제 마지막 말 한마디만 바꿔보자. “이해했지?”를, “내가 제대로 설명한 거니?”로 말이다.

틀린 게 아니라 다른 거야

친구는 생긴 거랑 어울리지 않게 종종 말에 영어를 섞어 쓰곤 한다. 하지만 영어를 제대로 배운 적은 없기에, 간혹 잘못된 영어를 사용하는 귀여운(?) 실수를 한다. 예를 들면 이런 식이다. 카페에 가서, 고객사에 가져갈 커피 네 잔을 테이크아웃 하는데,

"그거 커리어(Career)에 좀 담아주세요."

라며, 커피를 사면서까지 자신의 경력을 챙기는 기술을 선보인다. 커리어가 아닌 캐리어(Carrier)가 맞는 표현이지만, 외래어니까 '그럴 수도 있지' 하고 넘어간다. 가끔은 반대로 커리어를 캐리어라고 말하며 남의 경력

을 짐짝 취급하는 실수를 하기도 한다.

"너는 왜 어학연수 안 다녀왔냐? 캐리어에 도움됐을 텐데."

'물론 어학연수 갈 때 캐리어를 갖고 가긴 하는데…….' 그저 속으로 생각하며 웃어넘길 뿐이다.

때론 카톡을 하다가 내가 새로 나온 이모티콘이라도 보내는 날이면, 이런 답장이 날아오기도 한다.

"그 이티모콘 나한테도 선물해라."

이런 것들까지는 이해한다. 외래어니까 충분히 실수할 수 있다고 생각한다. 하지만 친구의 말실수 중 내가 도저히 참지 못하는 것이 하나 있으니, 바로 '다르다'와 '틀리다'를 혼동해서 쓰는 경우다.

"이 집은 냉면 맛이 틀리네."
"네 생각은 나랑 좀 틀리네."
"내 교안은 역시 다른 사람들 것이랑은 틀려."

이처럼 특히 '다르다'라고 말해야 하는 순간에 '틀리다'라고 말할 때면, 그렇게 거슬릴 수가 없다. '틀리다'라는 말에는, 꼭 '나는 맞고, 너는 틀리다'라는 생각이 깔려 있는 것 같아서 기분이 상할 때도 있다.

물론 어디까지나 잘 모르고 사용하는 것이다. '꼭 그렇게 따져야 해?', '너무 깐깐한 거 아니야?', '맞춤법 강박증이야?'라고 생각할 수도 있다. 얼핏 보면 두 단어의 의미 차이가 없어 보이기도 한다. 하지만 두 단어의 반대말을 생각하면, 둘을 혼용해서는 안 되는 이유가 명확해진다.

다르다 ↔ 같다
틀리다 ↔ 옳다

'다르다'라는 말은 '같지 않다'라는 의미로, 두 가지 대상을 비교할 때 그 차이를 나타내는 말이다. 판단이나 비교 우위가 배제된 표현이다. 반면 '틀리다'는 '옳지 않다'라는 뜻으로, 여기에는 판단의 의미가 포함되어 있다. 누군가는 정답이고, 누군가는 오답이란 뜻이 포함되는 것이다.

그래서 반복적으로 '틀리다, 틀리다' 하는 사람을 보

면, 혹시 저러면서 '너는 옳지 않다'는 생각을 주입하려는 게 아닐까 싶기도 하다. 말에는 사람의 생각을 바꾸는 힘이 있기 때문이다.

그렇게 벼르던 어느 날, 술자리에서 친구에게 그동안 참아왔던 이야기를 해준다.

"야, 너 앞으로 강의할 때나 뭔가 설명할 때 말이야. 옳고 그름을 따지는 내용 아니면 '다르다'라고 말해. 'A의 주장은, 이런 면에서 B의 주장과 다릅니다' 이런 식으로. 'A의 주장은, B의 주장과 틀립니다'라고 하면 듣는 사람에 따라서 어느 한쪽은 옳지 않다고 오해할 수 있잖아. 알겠냐?"

친구는 별것도 아닌 걸 가지고 잔소리한다는 듯 입술을 삐죽 내민다. 그런 친구를 보니, 혼용하더라도 맥락을 이해하는 데 큰 문제가 있는 것도 아닌데, 괜히 예민하게 굴었나 싶은 생각이 든다. 이때, 친구가 이렇게 건배 제의를 해온다.

"역시 넌 작가라 말하는 게 틀리네. 한잔 하자."

절레절레 고개를 저으며, 친구의 건배 제의에 응해 본다.

"역시 넌, 말하는 게 참 틀린 놈이야."

나오신 커피

나와 친구는 주로 카페에서 일한다. 동네 근처의 카페 몇 군데를 정해놓고, 나름대로 순환 근무를 한다. 각각의 카페마다 서로 다른 장점이 있어서, 그날그날 땡기는 대로 선택한다. 어디는 커피가 맛있고, 어디는 분위기가 좋고, 또 어디는 일하는 직원이 친절하다. 오늘은 왠지 친절함이 고파, 직원이 친절한 카페로 출근을 했다.

1층은 카운터와 커피 머신 때문에 조금 시끄러울 때가 있어, 우리는 보통 2층에 자리를 잡는다. 그런데 오늘은 어쩐 일인지 2층 자리가 꽉 차 있다. 할 수 없이 1층에 자리를 잡았다. 오고 가는 손님들과 직원의 대화가 자연스레 들려온다. 역시나 이 카페 직원은 너무나

친절하고, 손님들을 기분 좋게 해준다. 직원이 아니라 사장님 같다는 생각까지 들 정도다. 그런데 이때,

"4천 원 받았습니다. 커피 바로 나오십니다. 자리는 2층에도 있으세요."

"나오십니다", "있으세요"라는 말을 듣는데, 나는 왠지 모르게 '저게 맞나?' 싶은 생각이 들었다. 친구가 카운터 쪽을 쳐다보며 말한다.

"역시 저 직원은 너무 친절해. 딱 좋아."
"너는 듣기 좋냐? 나는 왜 이상하게 들리지?"

어쩐지 어색하게 들리는 이 표현을 전문용어로는 '사물 존칭'이라 일컫는다. 우리말의 존댓말은 사람만을 높이도록 만들어졌는데, 언제부턴가 이상하게 변형되어 '커피'를 높이고 '자리'를 높이는 말들이 사용되고 있다. 커피가 나오시고, 자리가 있으시게 된 것이다.

이러한 표현은, 지극히 잘못된 표현임에도 불구하고 곳곳에서 널리 사용되고 있다. 특히 서비스 직종의 언어 표현에서 자주 보인다.

"손님, 그건 만 원이십니다."
"사이즈가 없으세요."
"신발은 저쪽에 있으세요."

마찬가지로 회사 내에서도 종종 발견된다.

"사장님 말씀이 계셔서, 오늘 이 자리를 마련했습니다."
"부장님 자리는 창가 쪽이세요."

도대체 왜 이런 표현들이 사용되기 시작한 것일까? 그 이유를 두 가지 측면에서 생각해봤다.

첫째, 별로 중요하게 생각하지 않고, 아무런 의식 없이 쓰는 것이다. 말 그대로 무의식적으로 쓴다. 이런 표현이 맞나, 틀리나에 대한 고민 없이 그냥 쓰는 말이다. 선배가 쓰니까, 회사에서 쓰니까 그냥 쓰기 시작한 말들이 왠지 더 정중한 표현 같아서 퍼져나간 것이다.

두 번째 이유는 꽤 심각한 문제이기도 하다. 최대한으로 예를 갖추어야 하는 사회 분위기 탓에, 속된 말로 알아서 기는 것이다. 분명 내가 쓰는 말이 맞는데, 그에 대해 상대방이 시비를 걸어오는 게 싫어서 처음부터 아예 그런 상황을 만들지 않으려 하는 것이다. 오죽하면,

문법대로 해서 욕먹는 것이 한국어라는 말도 있다.

"손님, 찾으시는 사이즈가 없습니다"라는 말에 "왜 반말해. 손님이 우습게 보여? 점장 나오라고 해!"라며 괜한 시비를 걸고, 생트집을 잡는 사람들이 있다. '사이즈'에 덧붙일 존댓말은 세상 어디에도 없는데, 있지도 않은 존댓말을 요구하며 기어코 "사이즈가 없으십니다"라는 말을 듣고 싶어 한다. 쓸데없는 데 에너지를 소모하느니, 차라리 그 사람이 듣고 싶어 하는 이상한 사물 존칭을 쓰게 된다. 이러한 사회적 분위기 탓에 소위 '업소용 존댓말'을 가르치는 학원까지 등장했다. 여기서 가르치는 주된 내용은 무조건 말 뒤에 '세요', '십니다'를 붙이는 것이라고 한다.

'말투 하나 잘못 쓰는 게 뭐 어쨌다고', '좀 쓰면 어때?'라고 생각할 수도 있다. 맞는 얘기다. 그렇게 해서 내가 좀 편해지고, 상대방도 기분 좋아질 수 있다면 그만이다. 하지만 어떻게든 대접받고자 하는 마음과 거기에 맞춰가려는 마음이 악순환을 만들어내면서, 마치 이렇게 말하는 것이 정답인 것처럼 인식되는 현상은 문제라고 생각한다.

한 발짝 더 나아가서, 어쩌면 이런 말들로 인해 남

에게 대접받고자 하는 마음이 더욱 커져가는 게 아닐까 하는 의구심도 든다. 말투 자체의 문제보다는 그 말투가 초래할 수 있는 결과가 더 큰 문제인 것이다. 잘못된 사물 존칭 표현으로 인해 몇몇 사람들이 점점 더 꼰대스러워지고, 대접받기를 강요하고, 나보다 아랫사람이다 싶으면 무시하는 경향이 강해지면 어쩌나 싶어 우려도 든다. 그리고 그런 사람들에게는 이렇게 묻고 싶어진다.

'당신은, 당신이 대접받고자 하는 대로 그 사람을 제대로 대접한 적이 있는가? 아니면, 단 한 번이라도 서비스직, 판매직, 아랫사람을 대할 때 존중하는 마음, 고마운 마음을 가진 적이 있는가?'

이에 대한 대답이 '네'라면, 앞으로도 그런 마음으로 사람들을 대해주기 바라고, 만약 '아니요'라면 '나오신 커피' 말고, '나온 커피'를 그냥 잔말 말고 고맙게 마셔줬으면 좋겠다. "커피 나왔습니다"에 덧붙일 존댓말은 더 이상 없으니까 말이다.

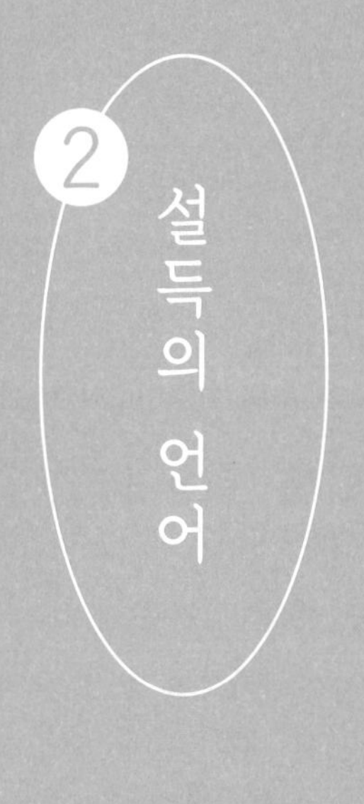

2 설득의 언어

문제가 뭔데

친구 집에 처음 놀러 갔을 때의 이야기다. 들어가자마자 360도 스캔에 들어간다. 딱 봐도 정리정돈이 안 된 집이다. 그중 압권은, 방 두 개 중 한 개를 창고로 쓰고 있다는 사실이다. 대단히 여유가 있는 녀석이거나, 혹은 도대체 정리정돈이라고는 모르는 녀석이란 생각이 든다. 일단 창고로 들어가 본다. 온갖 잡동사니가 널브러져 있고, 그 사이사이에 포장도 뜯지 않은 새 물건들도 섞여 있다.

"이건 다 뭐냐. 사고 뜯지도 않았어?"

"그거 홈쇼핑에서 산 건데, 막상 사고 보니 쓸 일이 없더라. 왜 샀는지 모르겠어."

그렇다. 친구는 홈쇼핑 중독자다. 홈쇼핑에서 파는 물건은 일단 사고 본다. 필요해서 사는 것도 있지만, 쇼호스트의 화려한 언변에 넘어가서 사는 물건이 대부분이었다.

내가 방문한 이날도 친구는 어김없이 홈쇼핑 방송을 보다가, 구매 버튼에 손을 대려고 한다. 재빨리 친구의 손가락을 꺾어 막아 세운다.

"스톱. 저걸 왜 사. 너한테 필요 없어."

"그러냐? 근데…… 왠지 저 사람들이 말하면 사고 싶어져……."

"그게 저 사람들 기술이고 무기야. 되게 설득력 있지? 근데 있잖냐, 너도 저렇게 말할 수 있어."

친구의 눈이 갑자기 동그래진다. 구매욕으로부터 자연스럽게 눈을 돌리는 데 성공한 것 같다.

"먼저 저 사람들이 얘기하는 방식을 예로 들어줄게. 일단 트렌치코트를 파는 사람이 있다고 가정하면, 그 사람이 첫 멘트를 어떻게 하는 줄 아냐? '우리 트렌치코트는 브랜드가 어떻고, 소재가 어떻고, 스타일이 어떻고'가 아니야."

"그럼 어떻게 말하는데?"

"'이제 완연한 가을 날씨가 찾아왔습니다. 외출할 일 많으시죠? 기분 좋게 나가려고 옷장을 열었는데, 어떠세요? 입을 옷 없으시죠? 옷은 많은데 딱히 입을 게 없어요. 바로 지금이 이 트렌치코트를 장만할 때입니다.' 이렇게 말해."

전혀 감이 안 오는 눈치다. 친구의 홈쇼핑 중독 처방을 위해 예를 몇 가지 더 들어본다.

"프라이팬 파는 사람은 이렇게 시작해. '오랜만에 좋은 생선을 사 와서 생선 좀 구우려고 하는데, 생선 구울 때 어떠세요. 꼭 눌어붙으시죠? 소중한 생선살 절반이 날아갑니다. 그럴 때 이중으로 코팅된 저희 프라이팬 한번 써보시는 건 어떨까요? 눌어붙을 일이 없습니다.'"

친구가 고개를 끄덕이는 것을 보니, 이제 좀 눈치를 챘나 보다.

"아, 일단 고객이 겪고 있을 만한 문제를 짚어주고, 그걸 해결해준다는 방식으로 말한다는 거지? 그래서 내가 홀랑 넘어가는 거구나."

아무리 좋은 제품일지라도 그 제품의 특징과 장점을 설명해주는 것만으로는 부족하다. 듣는 사람 귀에 들어오지가 않고, '그건 네 얘기고'라는 생각밖에 들지 않는다.

"너한테 아마 이런 문제가 있을 거야. 그걸 내가 이런 걸로 해결해줄게."

반면, 위와 같이 '문제→해결책'의 순서로 말을 풀어내는 방식은 상대방의 공감을 불러일으키며, 조금 더 설득력을 높일 수 있는 방식이다. 게다가 '네가 가지고 있는 그 문제를 해결할 수 있다'고 말하는 점에서 왠지 모를 카타르시스를 느끼게 해, 이야기에 더욱 빠져들게 만들 수 있는 것이다.

이러한 방식은 '15초의 미학'이라 할 수 있는 광고에서도 쉽게 찾아볼 수 있다. 대한민국 대표 잇몸약 '인사돌' 광고를 생각해보자. 맛있는 음식을 먹는 장면에서 꼭 주인공이 제대로 씹지 못하고 잇몸을 부여잡으며 아쉬워하는 장면이 나온다. 이때 등장하는 광고 카피는 다음과 같다.

"잇몸이 튼튼해야 맛있게 먹죠. 꼭꼭 씹는 행복, 인사돌."

말을 잘하는 사람은 자기가 하고 싶은 말을 하는 사람이 아니라, 상대방이 듣고 싶은 말을 하는 사람이다. 상대방이 듣고 싶어 할 만한 이유를 집어내 관심을 유발하는 것으로, 이야기를 들을 준비를 하게 만드는 것이다.

"너 이런 게 좀 문제지 않아?"
"요즘 사람들이 이런 문제가 있대."

누군가의 말이 유독 설득력 있게 들린다면, 그 사람이 말하는 방식을 유심히 지켜보기 바란다. 아무 얘기나 먼저 꺼내는 것이 아니라, 그 이야기를 들어야 할 이유부터 제시하는 말하기 방식이 눈에 띌 것이다. 'What'이 아닌 'Why'부터 시작하는 것과 해결책이 아닌 문제부터 시작하는 것. 설득의 비밀은 바로 여기에 있다.

집으로 돌아가는 길, 지하철에서 내려 마을버스를 탔다. 버스 안에서 동네 광고가 흘러나온다. 온갖 화려한 언변과 상술로 무장한 광고들이지만, 그저 귓가를 스쳐 지나갈 뿐이다. 이때, 유독 한 광고가 귀에 쏙 하고 들어온다.

"코가 간지럽고 꽉 막혀 답답할 때 많으시죠? 비염입니다. 비염엔, ○○한의원!"

10초밖에 안 되는 광고에 깊이 공감하며, '프로는 약을 파는 게 아니라, 질병을 판다'는 말이 떠올랐다.

마성의 스토리

오늘따라 친구가 넋이 나간 표정으로 앉아 있다. 지난 주말에 부모님께 안마의자를 하나 사드렸는데, 지금 와서 생각해보니 왜 그랬는지 잘 모르겠다는 것이다. 물론 부모님께 효도한 보람은 있지만, 빠듯한 형편에 중고 소형차 한 대값이랑 맞먹는 안마의자를 마치 귀신에 홀린 듯 한 치의 고민도 없이 구매했다는 것이다.

"얼마짜리길래 그렇게 정신줄을 놓고 있냐? 부모님께 그 정도는 해드려야지."

"몰라, 임마. 거의 세 달 치 생활비다."

"렌탈로 하지 그랬냐? 요즘 렌탈 많이 하잖아."

"몰라. 이상하게 그날따라 아버지의 말에 홀린 것

같아. 주말 아침에 전화하셔서, 내가 잠이 덜 깬 상태에서 공략하시더라고. 무방비 상태에서 그냥 당한 거지."

"도대체 뭐라고 하셨길래 그렇게 한 방에 훅 간 거냐?"

"먼저 이렇게 운을 떼시더라고."

"아들아. 요즘 나만 빼고, 주변 친구들은 집에 안마의자 하나씩은 다 가지고 있더라. 결혼식이나 칠순 잔치 같은 친구들 모임에 나가면 다들 그 안마의자, 안마의자 하는데, 이상하게 친구들이 그걸 자식의 능력이랑 연관 짓더라고. 물론 나는 내 아들이 잘나가고 있다고 말하기는 했지만, 왠지 친구들은 그렇게 안 보는 것 같더라. 그냥 내 생각이다. 신경 쓰지 마라."

"일단, 여기서 맛이 확 갔어. 자존심에 스크래치가 제대로 난 거지. 그때 이미 넘어간 거 같아."

"그다음엔 뭐라고 하셨는데?"

"이게 다 안마의자 하나 없어서 그런 거지 뭐. 요즘 음악도 나오고, 의료 기능까지 갖춘 안마의자도 있는데, 나는 그런 거까지는 필요 없고, 안마만 잘 되는 것이면 좋겠다."

"그런 다음엔?"

"요즘 동네 마트에서 70세 이상 노인들을 대상으로 30% 할인을 하더라. 그 렌탈인가 뭐시기는 매달 돈 내야 하고, 왠지 내 거라는 생각도 안 들고. 다음 달부터 용돈 5만 원씩 빼고 보내라. 너한테만 부담 줄 수는 없으니."

"그게 끝은 아니지?"

"요즘 밭일 하는데 예전 같지도 않고, 게다가 네가 가끔 일주일씩 손주 녀석들 맡기고 가잖니. 온종일 애들하고 놀아주려면 나도 피로 좀 풀고 그래야 되지 않겠니? 손주 녀석들이 잘 놀아야, 너도 마음이 놓이고 행복한 거 아니겠니. 게다가 그놈의 안마의자가 있어야 친구들 모임에서 네 면도 서고, 일석삼조 아니겠냐?"

친구의 이야기를 듣고 나니, 친구 아버지의 전략이 내 머릿속에 펼쳐지며 그저 웃음만 날 뿐이었다. 더불어 친구 아버지가 참 현명한 전략가라는 생각이 들었다. 친구 아버지는 고도의 설득 전략과 말하기 기술을 구사할 줄 아는 설득의 달인이나 다름없었기 때문이다.

친구 아버지의 말에는,

Why - What - How - So What

문제 - 해결책 - 구체적인 방법 - 기대효과

이렇게 연결되는 설득 논리가 갖춰져 있었다. 한마디로 '스토리텔링' 방식을 설득에 활용하고 있었다. 그래서 친구의 표현대로, 마치 귀신에 홀린 듯 자신도 모르게 단박에 고가의 안마의자를 구매하게 된 것이다.

아직까지 소형차 한 대값에서 헤어 나오지 못하고 있는 친구를 위해, 아버지에게 한 수 배웠다고 생각하라는 위로 같지도 않은 위로와 함께 스토리텔링 설득 방식을 설명해준다.

"일단 스토리텔링의 장점부터 이야기해줄게. 우리는 어렸을 때부터 이야기를 듣고 자랐잖아. 게다가 지금도 각종 드라마나 영화, 소설 등 수도 없이 많은 이야기를 접하고 있고. 즉, 스토리텔링 자체가 우리한테 굉장히 익숙한 방식이라는 거야. 그래서 쉽고 빠른 이해가 가능하지. 또 재미도 있으니까 흥미랑 몰입도도 증가하고, 기억에 오래 남는 효과가 있어."

친구가 맞장구를 쳐온다.

"맞네. 옛날에 할머니가 해주는 얘기가 그렇게 재미있었고, 지금도 그 얘기가 기억나잖아. 오래전에 본 드라마도 지금까지 그 스토리가 기억나고."

"그치? 근데 사실, 그게 크게 어려운 건 아니야."

"엥? 작가들이나 할 수 있는 거 아니야?"

"물론 기술이 필요하지. 근데 기본 구조는 똑같아. 소설에서는 플롯이라고도 하고, 드라마나 영화에서는 스토리 라인이라고 하는데, 어느 정도 공통점은 가지고 있어. 네가 제일 최근에 본 영화 하나만 말해봐."

"음…… 나 <스파이더맨>?"

"그 히어로물? 내가 제대로 보지는 못했는데, 아마 이런 스토리 아니었냐?"

기 평화롭던 마을에 악당이 나타나 문제가 생김
승 악당을 상대할 히어로가 등장함
전 여러 가지 난관과 과제를 극복하면서 문제를 해결함
결 마을에 다시 평화가 찾아옴

"어, 맞아. 완전히 똑같지는 않은데, 결국 그 흐름이

네."

"물론 요즘에는 포맷이 다양해서 한 가지 형식이 맞다고는 할 수 없지만, 큰 틀에서 보면 대부분 이런 흐름으로 이어져. 그럼 이걸 설득력 있는 말하기 방식에 적용해보면 어떻게 될 거 같냐?"

기 "너, 이런 문제 있지?"
승 "이런 해결책이 있어."
전 "구체적으로는 이런 방법으로 진행할 거야."
결 "그럼 너한테 이런 효과나 변화가 있을걸?"

스토리텔링 방식은 내 말에 귀를 기울이도록 상대방의 문제에서 시작해, 해결책이나 솔루션을 제시하고, 구체적인 방법을 이야기한 후에, 그에 대한 기대효과로 마무리하는 방식이다. 한마디로 '명분'에서 시작해 '실리'로 끝내는 말하기 방식이라고 할 수 있다.

여기까지 들은 친구가 한참을 생각에 잠기더니, 말을 꺼낸다.

"듣고 보니 그렇네. 네가 지난번에 쇼호스트의 설득

방식에 대해 설명해준 적 있잖아. 그 방식을 확장하면 결국 스토리텔링 방식인 거네?"

"그치. 판매도 결국 고객을 설득하는 행위니까."

"그럼 PT는? 나 다음 주에 정부지원 사업 발표 있는 거 알지?"

"그것도 어찌 됐든 심사위원을 설득하는 거잖아. 이 방식을 적용하면 도움이 되겠지."

"그러니까, 고객이 가지고 있는 문제에서 시작해서 솔루션, 구체적인 사업 수행방법, 기대효과의 흐름으로 정리하면 되는 거네?"

"응. 기획서나 제안서 쓰는 게 쉬운 일은 아니지만, 큰 흐름을 그렇게 가져가면 막 쓰는 거보다는 나을 거야. 기획은 나열이 아니라 배열이니까 스토리텔링 방식으로 한번 써봐. 좋은 결과 있을 거야."

친구는 그렇게 밤을 새워 내가 말한 방식으로 PT 자료를 수정했다. 결과적으로 예산 1억 원의 정부지원 사업을 수주하여, 지금은 모 기업의 대표가 되었다. 모르긴 몰라도 스토리텔링의 힘이 가져온 결과가 아니었나 생각해본다.

'Yes' 마일리지

비가 주룩주룩 내리는 어느 날, 과학적인 근거가 있는지는 모르겠지만 왠지 모르게 밀가루가 땡겨 친구와 함께 칼국숫집으로 향한다. 친구네 동네에서 꽤 유명한 칼국숫집이라고 한다. 우리가 도착한 시간은 저녁 8시 쯤. 식사 시간이 꽤 지났는데도 손님들이 물밀듯이 밀려온다. 열심히 칼국수를 먹다 보니 시간은 어느덧 8시 30분, 영업 종료 시간까지 30분 정도가 남았다. 이때부터 사장님은 더 이상 손님을 받지 않기 위해 단호하게 이야기한다.

"손님, 죄송합니다. 오늘 영업 끝났습니다."

터벅터벅 돌아가는 손님들을 안타까운 마음으로 바라보던 나에게 친구가 나지막이 말해온다.

"뭘 그렇게 안타깝게 보냐. 나만 아니면 됐지. 얼른 먹어. 여기 다 먹고 죽도 해준다. 죽이 죽여주지."

말도 안 되는 아재개그를 끼워 넣는 친구에게 '죽'빵을 날려버리고 싶다.

'나만 아니면 된다니…….'

그때였다. 아주머니 두 분이 유난히 시끄러운 소리를 내며 칼국숫집으로 들어왔다. 시간은 이미 8시 45분이었고, 역시나 사장님의 말이 녹음된 기계음처럼 흘러나온다.

"손님, 죄송합니다. 오늘 영업 끝났습니다."

그런데 이 아주머니들의 움직임이 심상치 않다. 보통 이렇게 말하면 부리나케 돌아서는 것이 일반적인데, 어쩐지 포기하지 않을 기세다. 아주머니 한 분이 이렇게 시동을 건다.

"아, 그래요? 그럼 죄송한데, 화장실만 잠깐 쓰고 나갈게요."

그리고 유유히 화장실로 들어간다. 이어서 다른 아주머니가 사장님에게 말을 건다. 이 아주머니가 진짜 고수다.

"잠깐 앉아 있다 가도 되죠?"

"네, 그렇게 하세요."

"서둘러 와서 그런지 목이 좀 마르네요. 물 한 잔 마셔도 되죠?"

"네, 그럼요. 두 잔 드셔도 돼요."

"물맛 좋네요. 사실 칼국수 먹으려고 수원에서 왔는데……."

"아……. 멀리서 오셨네요……."

"진짜 빨리 먹고 갈 테니까, 두 그릇만 좀 해주세요……."

"……정말 빨리 먹고 가셔야 해요……."

제갈공명도 울고 갈 기지를 발휘한 아주머니 두 분은 기어이 칼국수 두 그릇을 획득했고, 어렵게 얻어낸 음식인 만큼 누구보다 맛있게 드시고 사라졌다. 아주머니들이 떠나자, 친구가 속에 담아뒀던 말을 꺼낸다.

"무식하면 용감하다더니, 결국 칼국수를 드시네. 저렇게까지 해서 먹고 싶을까?"

다시 한번 세게 죽빵을 날리고 싶다.

"무식한 게 아니라, 진짜 똑똑한 거야. 결국 원하는 걸 얻었잖아. 그것도 합리적이고 논리적인 방식으로 설득한 거 안 보이냐? 저게 바로 '풋 인 도어 테크닉(Foot in door technique)'이라고 하는 거야."

풋 인 도어 테크닉은 심리학에서 말하는 '문간에 발 들여놓기' 기술이다. 방문 판매 영업사원이 영업을 할 때 문간에 발을 들여놓기가 힘들어서 그렇지, 일단 발을 들여도 된다는 한 번의 'Yes'를 얻어내면, 이어지는 영업사원의 제안도 'Yes'를 얻을 확률이 높다는 것이다. 허락을 얻어 문간에 발을 들여놓기만 하면, 물건을 파는 데 성공할 수 있다는 의미에서 유래된 기법이다.

이 기술의 핵심은, 작은 'Yes'가 큰 'Yes'를 불러온다는 것이다. 조그마한 승낙을 반복하게 함으로써 최종적인 요구에 대한 커다란 승낙을 이끌어내는 방식으로, 'Small yes' 효과 또는 'Yes taking' 설득 전략이라고도 한다. 이러한 기법은 특히 판매에 많이 활용되는데, 마트의 시식 코너나 홈쇼핑에서 꾀하는 무료체험 전략도 이와 비슷한 맥락이다. 전문가들은 이 방식이 통하는 이유를 크게 세 가지 효과로 설명한다.

첫째, '일관성 효과'. 사람들은 한번 어떤 입장을 취하면, 그 입장을 일관성 있게 유지하려는 경향이 있다. 그래서 한번 부탁을 들어주면 계속 그 방향성을 유지하고 싶어 하고, 다음 부탁을 들어줄 확률도 높아진다. '인지 부조화'를 경험하고 싶지 않은 마음이 지속적으로 'Yes'를 불러일으키는 것이다.

둘째, '의미 점화 효과'. '점화 효과(Priming effect)'는 시간적으로 먼저 제시된 자극이 나중에 제시된 자극을 처리하는 데 영향을 주는 현상을 말한다. 이때 먼저 유입된 정보나 제안에 긍정적인 반응을 보인다면, 이후에 이어지는 유사한 개념에도 긍정적인 반응을 보일 가능성이 크다는 것이다. 상대방에게 작은 'Yes'를 경험하게 하여 긍정이라는 의미를 점화한 후, 그 이후의 행동에도 긍정적인 감정이 이어질 수 있도록 유도하는 것이다.

마지막으로 '매몰비용 효과'. 한 가지 부탁을 들어주면, 시간이든 비용이든 무엇인가를 반드시 소모하게 된다. 따라서 이전에 투자한 자신의 비용이 아깝게 되지 않도록 뒤이어 요구되는 제안들까지 계속해서 수락할 가능성이 있는 것이다.

아주머니들이 이 전략을 알고 그런 것인지, 아니면 자신들도 모르게 설득 전략이 몸에 배어 있던 것인지는 알 수 없다. 하지만 어찌 되었든 간에 그 아주머니들은, 이론으로만 존재하는 이 전략을 실전에서 제대로 활용하는 분들이었다.

칼국숫집에서 보여준 아주머니들의 풋 인 도어 테크닉
"화장실 써도 되나요?"
"Yes."
"잠깐 앉아도 되나요?"
"Yes."
"물 한 잔 마셔도 되나요?"
"Yes."
"칼국수 두 그릇 되나요?"
"Yes."

비록 친구의 눈에는 어떻게든 칼국수를 먹고 가기 위한 무식함으로 보였는지 모르지만, 나에게 있어 그 아주머니들은 칼국수를 먹다가 손에서 젓가락을 놓게 하고, 뒤통수를 '빡' 때리는 것 같이 큰 교훈을 주고 간 분들이었다. 배가 많이 고프셨었는지 면발 한 가닥, 국물 한 방울 남기지 않고 가셨지만, 그분들이 선보인 설득 방식의 여운만은 진하게 남아 있었다.

친구와 식사를 마친 후, 야간진료를 하는 한의원을 찾았다. 며칠 전 있었던 교통사고의 후유증이 쉽게 낫지를 않는다. 친절한 한의사님이 따뜻하게 맞아주신다.

“오늘 참 덥죠?”

“네, 덥네요.”

“그동안 허리가 아프셔서 많이 힘드셨죠?”

“네.”

“여기가 아프셨을 거예요. 맞죠?”

“네, 딱 거기예요.”

“제가 침도 놔드리고, 추나요법도 해드릴게요.”

“네.”

“그리고 집에 가셔서 근육이완제 꼭 드셔야 해요. 제가 챙겨드릴게요.”

“네, 감사합니다.”

결국 나는 여러 가지 치료를 받고, 사지 않아도 될 근육이완 한약까지 사서 나왔다. 돌이켜 생각해보니, 그 선생님의 말에도 풋 인 도어 테크닉이 숨어 있었던 것 같다.

사람은 설득해야 하는 순간에 마음이 급해진다. 내가 원하는 목적을 지금 당장 달성하고 싶어 한다. 하지만 급한 마음을 잠시 접어두고, 상대방의 마음을 아주 서서히 공략해보자. 상대방에게 작은 승낙을 지속적으로 얻어내고, 이를 바탕으로 큰 승낙을 이끌어내 보는 것이다. 그러면 상대방은 가랑비에 옷 젖는 줄 모르고 내 말에 서서히 젖어들다가, 결국 마지막 요구에 이렇게 답할 것이다.

"Yes!"

내가 너라면

다시 한번 강조하지만, 내 친구는 '오지라퍼'다. 남의 부탁을 거절하지 못하는 것은 일종의 인간성이라고 하더라도, 굳이 부탁하지 않은 일에까지 나서서 이런저런 조언을 일삼곤 한다. 직업이 취업 컨설턴트라 그런지 어떻게 보면 직업병이기도 하며, 남들에게 조언을 하면서 영향력을 끼치는 것을 인생의 큰 낙으로 삼는다. 그런 탓에 친구는 상대방이 자신의 조언을 받아들여 그 조언대로 잘 실행되면 보람을 느끼지만, 반대로 자신의 조언이 받아들여지지 않거나 조언과는 다르게 행동하면 마음의 상처를 입기도 한다.

그러던 어느 날, 술자리에서 친구가 나에게 이런 하소연을 한다.

"요즘 사람들은 고마운 걸 몰라. 내 시간 써가면서 몇 시간 동안 코칭하고 조언했는데, 결국 자기 하고 싶은 대로 하더라. 진짜 서운해……."

할 말이 많지만, 일단은 위로의 말로 운을 뗀다.

"뭐 그런 걸 갖고 그래. 네 입장에서 최선을 다했으면 됐지. 어차피 선택은 그 사람들 몫이잖아. 그 사람들도 나중에 후회할 거야, 잊어. 근데, 너 조언할 때 어떤 방식으로 말하냐?"

역시 말하기 좋아하는 놈이다. 20분 동안 혼자 남들에게 조언하는 상황극을 이어간다. 친구의 말을 요약하면 '내가 전문가다. 이런 걸 해보니 좋더라. 너도 이런 걸 해봐라. 검증된 내용이다'로, 논리 정연하기 짝이 없다. 전문가 냄새가 폴폴 난다.

"다 좋은데, 너무 전문가 같다. 결국, 나는 너에게 이런 정보를 줬으니까 선택은 네가 하라는 거잖아. 근데 너무 전문가 같아서 그런지 '그건 네 얘기고'라는 생각이 좀 든다."

"그게 무슨 소리야. '그건 네 얘기고'라니?"

"음, 뭐랄까. 너무 좋은 이야긴데, 좀 진정성이 안 느껴진다고 해야 하나. 좋은 얘기를 듣기는 들었는데, 확 와닿지 않는다고나 할까?"

친구가 조금 머쓱해하며 한 발 뒤로 물러난다.

"그러냐? 내가 너무 똑똑한 탓인가……. 그럼 어떻게 말하는 게 좋을까?"

"나는 이렇게 말해주는 사람이 참 좋더라고. 언제 한번 약국에서 나한테 우리 아버지가 먹을 약을 추천해주는데, 이렇게 말하더라. '만약 저희 아버지라면, 이 약을 추천해드리고 싶어요.' 근데 그 말이 왠지 모르게 되게 진정성 있게 느껴지고, 설득력 있게 느껴지는 거야. 왠지 그 사람이 내 편에 서서 말하는 느낌이랄까? 뭔가 나를 이해하고 진짜 나를 위해서 말해주는 느낌이 들었어."

"그러니까…… '내가 만약 너라면 이렇게 하겠다.' 이런 느낌이네?"

"그치. 뭐, 사람마다 다르겠지만, 상대방이 '나라면 이렇게 행동하겠다'라고 하면 왠지 더 믿음직스럽게 느껴지지 않냐?"

그렇게 이야기를 마무리하고, 다음 안주로 뭘 먹을지 고민하는 나에게 친구가 말한다.

"야, 사케에는 어묵탕이지. 내가 너라면 어묵탕 시키겠다."

결국 자기가 먹고 싶은 안주를 시키기 위해 내가 했던 말을 써먹고 있는 친구 때문에 짜증이 나면서도 웃음이 새어 나온다.

인생은 선택의 연속이고, 우리는 그 선택 앞에 늘 망설인다. 때로는 누군가가 대신 선택해줬으면 하는 마음이 들기도 하고, 실제로 남에게 내 선택을 맡기기도 한다. 그럴 때 돌아오는 대답은 대부분 '이렇게 하는 게 좋을 거 같아', '이렇게 해봐' 등 불확실한 조언인 경우가 많다. 물론 남의 인생에 감 놔라 대추 놔라 하는 것이 쉬운 일은 아니지만 말이다. 그럼에도 남들과는 다르게 조금 더 확신을 가지고 진정성을 담아 이렇게 말해주는 사람이 있다면 어떨까?

"내가 너라면 말이야, 이렇게 할 것 같아."

다른 어떤 조언보다 진정성과 확신이 느껴지는 이 조언을 그 누가 받아들이지 않을 수 있을까? 아무리 의심 많은 사람이라도 이 말을 들으면 한 번쯤은 진지하게 고민해보게 될 것이다.

너 같으면

오늘따라 친구의 어깨가 축 처져 있다. 표정도 썩어 있고, 목소리에 기운이 하나도 없다. 뭔가 단단히 화가 난 모양이다. 그렇게 한참을 시무룩해 있다가, 갑자기 방언 터지듯 말을 쏟아내기 시작한다.

"진짜 열받아서 미칠 거 같아. 너 알지, '스타크래프트 리마스터' 출시된 거? 내가 그거 좀 산다고 하니까 아내가 뭐라는 줄 아냐? '나이 마흔에 게임이 하고 싶냐? 집이 PC방이냐? 애가 뭘 배우겠냐?' 그러는 거야. 진짜 인생 참 힘들다."

'스타크래프트'는 90년대를 휩쓸었던 PC게임으로,

현재로 따지면 '리그 오브 레전드'나 '배틀그라운드' 이상의 인기를 누렸던 게임이다. 아이돌 세계에 비유해보자면, 거의 'BTS' 급이라고 할 수 있는 게임이었다. 아마 모르긴 몰라도 지금의 3, 40대 남자들이라면 한 번쯤 해봤거나, 가슴 한구석에 아련한 추억으로 남아 있는 게임일 것이다.

그런 게임이 20년 만에 선명한 그래픽으로 업그레이드되어 출시되는데, 그 설렘을 아내가 알아주지 못하니 친구가 꽤 속상한 모양이다. 가격도 겨우 3만 원 남짓인데, 아내가 죽어도 허락하지 않는다고 한다.

"네가 아무리 스타크래프트의 고귀함과 추억을 떠들어봐야 이해 못할 거다. 네 아내는 게임을 안 해서 잘 모르니까. 아내한테 다짜고짜 게임 산다고 하지 말고, 한번 이렇게 말해봐."

뭔가 특별한 대안이라도 기대하는 듯, 친구의 흥분이 조금 가라앉는다. 그런 친구를 보며 다시 말을 이어간다.

"네 아내, 예전에 '싸이월드' 엄청 푹 빠져서 했었다고 했지. 근데 지금은 그 사이트 없어졌잖아. 아마 사진이고 뭐고 다 날아가서 많이 속상했을 거야. 그러니까 이렇게 말해보는 거지. '여보, 스타크래프트 리마스터 출시는 여보에게 있어서 없어졌던 싸이월드 사이트가 몇 년 만에 다시 부활한다는 거랑 똑같은 거야. 3만 원만 있으면 싸이월드를 다시 할 수 있는데, 여보 같으면 그거 안 할 거야?'"

말을 잘하는 사람은, 하고자 하는 말을 상대방의 언어로 치환하는 방법을 활용한다. 한마디로 '네가 알고 있는 ○○와 같은 것'이라는 식으로 말하는 것이다. 상대방의 머릿속에 이미 자리하고 있는 익숙한 정보에 링크를 걸어주는 것과 같다. 상대방이 이미 알고 있을 만한 정보로 바꿔 말하는 것으로 상대방의 이해를 돕고, 공감을 이끌어낼 수 있는 것이다.

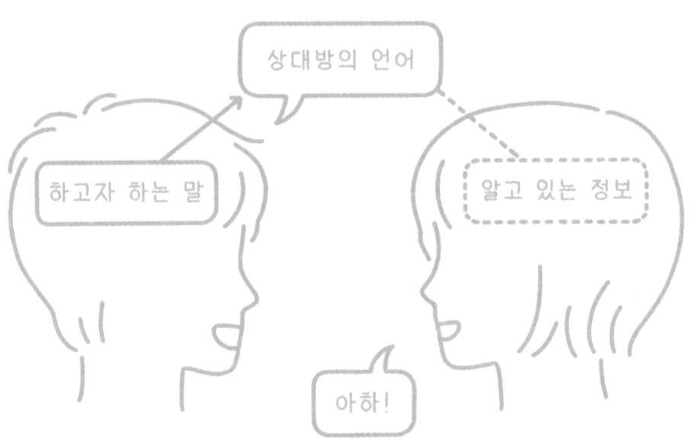

또한 도쿄대 명예교수 하타무라 요타로는, 책 《직관 수학》에서 이런 말을 했다.

사람은 나름대로 머릿속에 '형판'을 가지고 있고,
바깥에서 들어오는 어떠한 현상이나 정보가
자신의 형판과 합치될 때 비로소
'알았다!'라고 생각한다.

이를 말하기 기술에 적용해보면, 상대방이 이미 가지고 있는 형판(틀)에 맞춰 이야기해야 비로소 상대방을 이해시키고, 공감을 얻을 수 있다는 뜻이 된다.

친구가 접수 완료했다는 눈빛을 보내더니, 아내에게 전화를 하려고 한다. 성격이 급해도 너무 급한 녀석이다. 서둘러 친구의 핸드폰을 낚아챘다.

"기다려봐. 아직 한 가지가 빠졌어."

"빨리 사야 돼. 나 급하단 말이야."

"급할수록 돌아가라는 말 모르냐?"

친구의 손모가지를 잡아둔 채, 결정적인 한마디를 건넨다.

"뭔가를 설득할 때는 그로 인한 이익만 강조하려고 하지 말고, 그로 인해 발생할 수 있는 잠재적인 손실을 제거하는 전략도 필요해. 일명 '손실 회피' 전략이지."

"손실 회피 전략? 그게 뭔데?"

우리에게는 '손실 회피 편향'이 있다고 한다. 여기서 '손실 회피'란, 얻은 것의 가치보다 잃은 것의 가치를 더 크게 평가하는 것을 말한다. 실제로 우리는 같은 크기의 가치일지라도 이익보다 상실을 상대적으로 더 크게 느낀다. 쉽게 말해 500원을 얻는 것의 가치는 '고작

500원'이라고 느끼지만, 500원을 잃는다고 보면 '아까워 죽겠는 내 500원'이라는 생각이 드는 것이다.

따라서 내가 하는 제안에 이러한 장점과 이익이 있다고 말하는 것도 중요하지만, 상대방이 걱정하는 부분이나 상대방 입장에서 장애가 되는 부분을 사전에 파악하고 이를 제거할 수 있다는 논리를 펴는 것 역시 빼놓을 수 없다. 장점과 이익만 주야장천 이야기하다 보면, 상대방의 머릿속에 '그런데, 이러이러한 일이 발생하면 어쩌지?'라는 생각이 자리할 수 있다. 그러는 순간, 앞서 이야기한 장점과 이익은 한순간에 허공으로 흩어질 뿐, 상대방의 머릿속에 남지 않게 된다. 그러니 철저하게 상대방의 입장에서 그가 느낄 걱정과 불안함을 염두에 두고 설득에 임할 필요가 있다.

"네가 그 게임을 사서 스트레스도 풀고, 일을 더 열심히 하게 될 거라고 강조하는 것도 중요해. 근데 그에 못지않게 네가 게임을 샀을 때 네 아내가 느낄 불안감이나 입을 만한 손실을 생각하고, 그렇게 만들지 않겠다고 이야기해봐. 그럼 아마 조금은 더 수긍할지도 몰라."

"그렇단 말이지……. 근데 아내가 걱정하는 일이 뭘

까?”

“하루 종일 게임만 한다거나, 아이가 보는 데서 게임을 한다거나 뭐 그런 거 아니겠냐?”

“그럼 하루에 1시간 이하로 하겠다. 아이가 보는 앞에서는 안 하고, 밤에만 하겠다. 이런 식으로 말하면 되겠네?”

자신감을 얻은 친구는 곧바로 아내에게 전화를 해 다시 한번 설득을 시도했고, 반드시 약속을 지킨다는 조건으로 스타크래프트 구매에 성공했다고 한다.

그렇게 친구와의 만남을 끝내고 집으로 가는 길, 유튜브의 세계로 빠져 예전에 <코미디빅리그>에서 하던 ‘사망토론’을 몰아 본다. 이 코너는 말도 안 되는 주제로, 출연자 두 명이 서로 토론을 하는 내용이다. 예를 들면 주제가 이런 식이다.

“집에 귀신이 사는데, 그 귀신이 전지현 귀신이라면 그냥 살아야 하나 말아야 하나.”

“군대에서 휴가를 나오는데, 정문 앞에 국민 여동생 수지가 기다리고 있다가 여행을 가자고 하면 수지랑 여행을 가야 하나, 고향에서 기다리는 여자 친구를 만나러 가야 하나."

주제가 공개되면 남자 방청객들이 빵빵 터지기 시작한다. 꽤 몰입(?)되고, 고민되는 주제이기 때문이다. 하지만 여자 방청객들의 반응은 그저 그렇다. 이때 출연자가 한마디를 덧붙인다.

"여자분들이라면, 집에 사는 귀신이 정우성 귀신이라고 생각하시면 될 것 같습니다."
"여자분들이라면, 지방 파견 근무 끝내고 서울로 돌아오는데, 조인성이 기차역에서 기다리고 있다고 생각하시면 될 것 같습니다."

그때서야 비로소 여자 방청객들도 고개를 끄덕이고, 토론에 집중하기 시작한다. 상대방의 언어로 치환하여 말하는 것의 효과가 눈에 보이는 순간이었다.

마음속에 닻을 내려

"당했다."

친구 입에서 나온 첫마디였다. 며칠 전, 친구가 모 교육기관에서 동영상 강의를 찍기로 했다면서 좋아한 적이 있었다. 오늘이 계약하는 날이었는데, 뭔가 일이 잘못되었나 보다. 우선은 친구의 이야기를 조금 더 들어보도록 한다.

"나 오늘 계약하는 날이었잖아. 편당 50만 원에 찍기로 했는데, 나중에 알고 보니까 다른 기관에서는 보통 60만 원은 주더라고. 이미 50만 원에 도장 찍었는데, 뭔가 기분이 좀 그렇네……."

"넌 제대로 알아보지도 않고 도장 찍냐?"

"아니 그때는 몰랐지. 계약 담당자가 그러는 거야. 보통 대학교수, CEO 등이 40만 원에 계약한대. 근데 나한테 50만 원 준다고 하니까, 이게 웬 떡이야 하고 냅다 도장 찍었지."

순간 웃음이 터져 나오는 걸 간신히 참았다. 내 친구가 돈은 매우 밝히는데 아직 많이 순수하구나 싶으면서, 어떤 개념 하나가 머릿속을 스쳤다.

'앵커링 이펙트(Anchoring effect)'. 우리말로 하면 '닻 내리기 효과'라는 것이다. 정박하기 위해 닻을 내린 배가 닻 주변을 크게 벗어나지 못하고 그 주변을 맴돌게 되는 것처럼, 처음에 들은 정보가 닻(기준점)이 되어 그것을 기준으로 다음 정보를 해석하는 현상을 말한다. 한마디로 처음에 인상적이었던 정보의 영향이 매우 크다는 뜻이다.

예를 들어 어느 옷 가게에서 처음 본 옷이 10만 원짜리라면, 그다음 보게 되는 5만 원짜리 옷이 무척 싸게 느껴진다. 반대로 처음 본 옷이 2만 원짜리라면, 똑같은 5만 원짜리 옷도 왠지 비싸게 느껴질 것이다.

명품 매장에서 사람들이 사지도 않을 수천만 원짜리 옷이나 소품을 가장 잘 보이는 데 전시해놓는 것도 비슷한 이유다. 가장 먼저 그 제품을 보고 나면, 다른 곳에 진열된 2, 300만 원짜리 가방이 상대적으로 싸다고 느껴지기 때문에 보다 쉽게 지갑을 열게 만들 수 있는 것이다.

다시 친구의 상황으로 돌아가 보면, 친구의 머릿속에 '교수나 CEO가 받는 돈, 40만 원'이라는 닻이 내려진 상태에서 "강사님께는 50만 원 드릴게요"라는 말을 들으니, 상대적으로 많은 금액을 받는다는 생각이 앞서고 말았다. 담당자의 앵커링 이펙트 전략에 제대로 걸려들어, 한 방에 설득당한 것이다. 그것을 뒤늦게 깨달은 친구는 그저 "당했다"라는 외마디 소리를 내뱉을 수밖에 없었다.

앵커링 이펙트와 관련하여, 어느 옷 가게 사장님과 점원이 환상의 콜라보레이션으로 빚어낸 탁월한 판매 전략 사례가 있어 소개해본다.

가게에서 옷을 보던 손님이 마음에 드는 옷을 골랐는지 점원에게 말을 걸었다.

"이 옷, 얼마예요?"

"제가 가격을 잘 몰라서요. 잠시만요……. 사장님! 이 옷, 얼마라고 하셨죠?"

멀리서 옷을 정리하던 사장님이 대답했다.

"그거 8만 원. 아, 아니구나. 그 앞에 있는 옷이 8만 원이고, 그건 5만 원이다."

점원이 묘한 미소를 띠며 손님에게 이렇게 말했다.

"네, 손님. 8만 원 아니고, 5만 원입니다."

그 말을 들은 손님은 빛의 속도로 지갑을 꺼내 계산을 하고, 만족하며 가게를 나갔다.

이 전략은 일상생활에서나 업무 등에서도 유용하게 써먹을 수 있다. 예를 들어 친구와의 약속에 10분 정도 늦는 상황이라면, "조금 늦어", "금방 갈게"라고 말하는 대신 이렇게 말해보자.

"야, 진짜 미안. 나 20분 정도 늦어. 빨리 갈게."

그러고 나서, 20분이 아닌 10분 늦게 약속 장소에 도착하는 것이다. 그러면 분명 잘못은 내가 했는데, 오히려 친구가 고마워하는 상황이 벌어질지도 모른다.

회사에서도 상사에게 "퇴근 전까지 가져오겠습니다"라고 말하는 대신 "내일 오전에 보고하겠습니다"라고 말하고, 당일 퇴근 전에 가져가 보자. 그러면 상사의 입꼬리가 살짝 올라가면서 '오, 요놈이 일 좀 하는데?', '일 처리가 빠르네'라는 마음의 소리가 들려올지도 모른다.

친구와 헤어져 집으로 돌아와, 아내와 함께 저녁으로 중국집 배달을 시킨다.

"짜장 두 개, 탕수육 하나, 군만두 하나요. 얼마나 걸리죠?"

"40분 걸립니다."

"헉, 40분이요?"

피크 시간도 아닌데 배달이 40분이나 걸리는 게 이해되지는 않지만, 일단 기다려보기로 한다. 다행히 음식이 20분 만에 도착한다. 생각보다 일찍 도착한 음식에 좋아하는 아내와 딸아이를 보며, 속으로 이런 생각을 한다.

'와, 요즘은 중국집도 많이 달라졌네. 예전에는 금방 간다고, 방금 출발했다고 해놓고 한참 있다 도착해서 짜증 나곤 했는데……. 지금은 앵커링 이펙트를 제대로 활용하는구나.'

조삼모사가 따로 없는 것 같아서 조금은 얄밉기도 했지만, '사람 설득하는 거, 참 별거 없구나' 싶어 웃음이 새어 나왔다.

'장단'을 맞춰 '단장'하기

어느 날, 친구의 후배와 함께 자리를 한 적이 있다. 친구의 후배는 10년 넘게 직장생활을 해왔는데, 슬슬 한계를 느끼고 있는 중이었다. 조심스럽게 강사로서의 삶을 고민하던 와중에, 친구와 나에게 조언을 구하고자 오늘 만남이 성사되었다. 친구 후배의 토로가 끝나고, 친구의 조언이 이어진다.

"잘 생각했다. 강사로 일하는 거 꽤 괜찮아. 수입도 훨씬 나을걸? 나 지난달에 2천만 원 찍었잖아. 연봉으로 따지면 1억이 넘어. 게다가 아침에 출근 안 해도 되지, 시간 자유롭게 쓰지, 잔소리하는 상사 없지. 이런 직업이 어디 있냐? 빨리 준비해서 나와."

그렇게 1시간가량의 고민 상담이 끝나고, 친구 후배가 약속이 있다며 먼저 자리를 떴다. 멀어지는 후배의 뒷모습을 보며, 친구는 뭔가 대단한 일이라도 한 것 마냥 의기양양해 보인다. 그런 친구의 가슴에 비수를 꽂아본다.

"네 후배 인생이 걸린 얘긴데, 그렇게 장밋빛 미래만 그려주면 어떡하냐? 객관적으로 균형 있게 얘길 해줘야 후배가 정확하게 판단을 하지."

"왜? 나는 강사라는 직업이 진짜 너무 좋은데?"

"그래, 알아. 근데 진짜로 좋은 점만 있냐는 거지. 나는 아니던데?"

"따지고 보면, 안 좋은 점도 있기는 하지."

"나는 늘 불안해. 직장 다닐 때는 꼬박꼬박 월급이 나왔는데, 지금은 매달마다 전쟁이잖아. 게다가 매일 새로운 사람 앞에 서는 게 좀 스트레스받는 일이냐? 그리고 잔소리하는 상사가 없다고? 나는 상사 잔소리보다 고객들 요구사항이 더 겁나고 스트레스던데?"

자신이 이미 경험한 것에 대해 남들에게 조언을 해주는 경우, 대부분은 좋은 면만 이야기하려고 한다. 이미 자신이 한 선택을 인정받고 싶은 심리가 발동하기 때문이다.

"그 학원 어때?"

"진짜 강사님 너무 좋아. 시설도 훌륭하고." (수강료가 비싸다는 점과 학원이 식당가에서 멀어 밥 먹으러 갈 때 불편하다는 사실은 쏙 빼놓고 있다.)

"나 핸드폰 바꿔야 하는데, 갤럭시 노트 어때?"

"완전 좋아. 나 요즘 펜으로 메모하는 재미로 살잖아. 게다가 화면도 커서 유튜브 보는 데도 최고야." (핸드폰이 커서 휴대가 불편하다는 점과 액정이 깨지면 액정 수리비가 배로 든다는 사실은 쏙 빼놓고 있다.)

특히 그 선택이 본인의 삶과 직접적인 관련이 있을 경우, 이러한 경향이 조금 더 강하게 나타난다. 사람에게는 누구나 자신의 삶에 대한 정당성을 입증하고 싶은 마음이 있기 때문이다. 그래서 더욱더 좋은 부분 위주로 이야기하게 되는 것이다. 친구도 어쩌면 그런 의미에서, 현재 자신이 가진 '강사'라는 직업에 대해 좋은 점만 이야기한 것은 아닐까 하는 생각이 들었다.

그런데 이처럼 정보의 균형 감각을 잃고 장점만 이야기하는 것은 경계할 필요가 있다. 누군가가 나에게 조언을 구하는 상황에서는, 상대방과 비교해 더 많은 경험과 지식을 가진 나의 한마디가 상대방에게 큰 영향을 미치기 때문이다. 따라서 좋은 점만 강조하는 것은 상대방에게 편향된 정보를 유입하는 것이나 다름없으며, 자칫하면 상대방이 잘못된 판단을 하도록 유도할 가능성이 있는 것이다. 물론 단점을 섞어 균형 있게 말하는 방식이 당장의 설득에는 도움이 되지 않을 수 있다. 하지만 결국에는 장점과 단점 모두를 객관적으로 이야기해준 당신에게 상대방은 깊은 신뢰감을 느끼게 될 것이다.

이때 단점을 같이 이야기하면서 조금이라도 더 설득력을 높이기 위해서는 그 순서가 중요하다. 단점을 먼저, 그다음에 장점을 이야기하는 방식이 좋다.

간단한 사례를 통해 확인해보도록 하자. 남자가 분위기 좋은 레스토랑에서, 만난 지 1년쯤 된 여자 친구에게 청혼을 하는 상황이다.

"수경 씨, 저랑 결혼해주세요."

"아직 결혼은 생각해본 적이 없어서……."

"그럼 제 얘기를 한번 들어보고 결정해주세요."

"일단 들어나 볼게요."

"저 사실, 올해 50살이에요……. 게다가 제 머리도 가발이에요."

"뭐라고요? 그게 사실이에요?"

"그리고 저에게는 중학생 아들도 하나 있어요……."

"막장이 따로 없군요. 당장 헤어져요."

"사실대로 말하지 못해 미안해요. 마지막으로 한 가지가 더 있어요. 사실 저는 직장인이 아니에요. ○○구에 상가 건물이 하나 있는데, 그거 관리하면서 살고 있어요."

"상가 건물이요?"

"네. 강원도에 땅도 좀 있는데…… 팔면 평생 여행 다니면서 살 수 있을 거예요."

"음…… 왜 처음부터 사실대로 말 안 한 거예요."

"서로 좀 더 알아간 후에, 결혼하고 싶다는 마음이 들면 말하려고 했어요."

다소 과장된 상황이기는 하지만, 남자의 말하기 방식에만 주목해주길 바란다. 사람에 따라 다르겠지만, 왠지 묘하게 설득력 있는 말로 들리지 않는가? 먼저 수 많은 단점을 이야기한 후에 그것을 상쇄할 만한 장점을 뒤이어 이야기하는 방식이, 어처구니없는 남자의 말도 약간은 그럴싸하게 들리도록 해주는 것 같다.

자, 이제 반대의 상황으로 가보자.

"저 사실, ○○구에 상가 건물을 가지고 있는 건물주예요."

"와, 진짜요? 대단하시네요."

"그리고 강원도에 땅도 좀 있어서, 처분하면 여행만 다니면서 살 수 있어요."

"날 언제로 잡을까요?"

"근데 사실, 제 나이가 올해 50살입니다. 머리도 제 머리가 아니라 가발이에요. 이해하실 수 있죠?"

"그런가요? 음……."

"마지막으로, 제가 사실 중학생 아들이 하나 있습니다. 그래도 결혼 생활에 큰 방해는 안 될 거예요."

"미친 거 아니에요? 돈 많으면 뭐 해요? 없었던 일로 해요."

남자가 하는 말의 내용에는 변화가 없다. 단지 말의 순서만 바뀌었을 뿐이다. 장점 먼저, 그리고 단점을 뒤에 이야기하자 처음의 상황과는 분위기가 많이 다른 듯 보인다. 전자에 비해 단점이 훨씬 더 많이 부각되어, 듣는 사람으로 하여금 점점 부정적인 생각이 자라나도록 만들고 있다.

이러한 차이가 발생하는 이유는 크게 세 가지 효과 때문이다.

첫째, '최신 효과'. 앞에서도 이야기했던 현상으로, 정보들이 순차적으로 제시될 때, 가장 마지막에 제시된 정보를 더 잘 기억하는 경향을 말한다.

"A라는 사람 채용해봐. 일 하나는 잘해. 근데 좀 게을러."

vs

"A라는 사람 채용해봐. 좀 게으르긴 한데, 일 하나는 잘해."

둘 다 같은 내용이지만 후자의 내용이 조금 더 설득력 있게 들린다면, 최신 효과가 발동한 것이라고 보면 된다.

둘째, '기대치 배반 효과'. 사람은 좋은 말을 듣다 보면, 계속해서 좋은 말을 기대하게 된다. 그렇게 기대치가 높아졌을 때 부정적인 말을 듣게 되면, 그 상실감은

배가 되어 돌아온다. 반대로 기대치를 땅에 떨어트려 놓다가 그와 상반되는 긍정적인 말을 듣는 순간, 그 효과가 더 크게 느껴지는 것이다.

마지막으로 '신뢰 효과'. 상대방에게 부정적인 측면을 먼저 언급함으로써 객관적이고 솔직한 사람이라는 인식을 주고 나면, 다음에 이야기하는 긍정적인 측면이 더욱 사실처럼 들릴 수 있다. 처음에 신뢰를 얻음으로써 다음 이야기에 대한 설득력 또한 커지는 것이다.

친구 후배에 대한 이야기를 끝내고, 다시 우리 이야기로 돌아온다. 전세 계약 만료 시점이 되어서 이사를 고민하고 있는 내가 친구에게 물었다.

"너네 동네, 살기 어떠냐?"

"뭐, 그냥 살 만해. 상업 시설이 좀 멀고 대중교통이 불편하긴 한데, 주변이 조용하고 아파트 단지 내 커뮤니티 시설이 잘돼 있어서 편리해. 주변 아파트보다 시세가 싸기도 하고. 한번 긍정적으로 검토해봐."

친구의 제대로 된 '선 단점, 후 장점' 말하기 방식 때문인지, 벌써부터 계약서에 도장을 찍고 그 동네에 살고 있는 내 모습이 상상되기 시작한다.

누군가를 설득하고 싶다면, 객관적으로 '장단'을 맞춰 이야기하고, 단점, 그리고 장점 순서로 말을 '단장' 해보는 건 어떨까?

습관성 '같아요'

친구가 고객사와의 미팅에서 안 좋은 일이 있었다고 한다. A사가 취업 시장에 대응하기 위한 새로운 사업 전략을 제안하는 자리에서 고객사 담당자에게 싫은 소리를 들은 모양이다. 준비도 많이 했고, 똑똑한 친구인데 왜 그랬을까? 일단 친구가 작성한 보고서를 한번 살펴본다. 감탄이 절로 나온다. 뭐가 문제인지 잘 모르겠다.

"내가 볼 때는 전혀 문제가 없는데, 네 보고 방식에 문제가 있었던 건 아니고? 혹시 모르니까 그 담당자한테 보고한 것처럼 나한테 한번 해봐."

"픕."

친구의 "풉"에는 '미친놈 아니야? 네가 고객도 아니고. 이제 와서 뭘 도와줄 수 있겠어?' 등의 의미가 녹아 있다.

"일단 해보기나 해. 내가 고객은 아니지만, 객관적으로 볼 수는 있잖아."

친구가 마지못해, 보고하던 순간으로 돌아가 연기를 시작한다. 친구의 말을 다 옮겨 적을 수는 없지만, 대략 이런 식이다.

"실장님, A 기업의 취업 콘텐츠 홍보를 위해서 블로그 메뉴, 카테고리를 만들어야 하는데요. 이것저것 다 담으려다 보니까 카테고리가 너무 광범위한 것 같고, 그에 비해 콘텐츠 개수는 많이 부족한 것 같습니다. 이번 기회에 블로그 마케팅을 전문적으로 할 수 있는 SNS 전문가 한 명을 채용하는 것이 좋을 것 같습니다. 관련해서 다음 달 개최되는 취업 박람회에 부스로 참가해 홍보를 병행하면 좋을 것 같습니다."

나는 친구의 고객도 아니고, 친구의 사업과 전혀 관

계가 없는 사람이지만, 친구의 보고를 듣는 내내 짜증이 밀려왔다. '얘는 저렇게 확신이 없어서 무슨 일을 하겠다는 거야'라는 생각이 들었다. 결국 참지 못하고 한마디 해본다.

"'같아요'는 좀 빼고 말할 수 없냐?"

갑작스러운 나의 공격에 친구가 당황한다. 적절한 대응방법을 찾지 못해 동공지진을 일으키다가, 결국 다수의 선택에 의지한다.

"야, 요즘 다 이렇게 말해."

확실히 이런 표현 방식은 비단 내 친구만 사용하는 것은 아니며, 요즘 사람들이 하는 말에 '같아요'가 수시로 등장하는 것이 사실이다. 그렇다면 불확실함을 나타내는 추측성 어미인 '-같다'를 사람들이 자주 쓰는 이유는 무엇일까? 단순한 말버릇으로 볼 수도 있지만, 그러한 말버릇이 만들어지게 된 이유가 세 가지 있다고 본다.

첫 번째 이유는, 겸손함을 보이기 위해서다. 너무 잘난 척하거나, 확신에 찬 표현은 상대방에게 거부감을 줄 수도 있기 때문에 일부러 '-같다'를 붙여 쓰는 것이다. 모난 돌이 정 맞는 세상에서 최대한 둥글둥글한 표현을 찾다 보니, 이보다 더 적절한 표현이 없었던 것이다. 상대에 대한 배려의 표현이라고도 볼 수 있다.

"너는 잘하는 게 뭐니?"
"저는 탁구를 잘 치는 것 같습니다."

두 번째 이유는, 사회적인 배경과 관련이 있다. '-같다'는 지금 시대를 관통하는 언어 습관임과 동시에, 대한민국의 조직문화를 반영해주는 슬픈 자화상과도 같은 말이다. '답정너'인 상사가 "절대 안 돼", "네가 뭘 알아?"를 남발하는 바람에, 한 발 뒤로 물러서 자신을 숨기는 것이 습관이 되었다. 그래서 단호하고 단정적으로 말했을 때 듣게 될 싫은 말을 피하기 위해, 여지를 남기는 표현으로서 사용하는 것이다.

"이번 디자인 시안 어떻게 생각해?"
"A로 하는 게 좋을 것 같습니다."

마지막 이유는, 선택의 어려움에 따른 것이라고 생

각한다. 수많은 정보와 대안이 넘쳐나 그 어느 것도 확신할 수 없는 요즘이다. 선택을 하기는 했지만, 영 자신이 없다. A도 좋은 것 같고, B도 좋은 것 같고, 선택해야 하는 순간마다 고민스럽다.

"박 주임, 행사업체 선정했어?"
"예. 제 생각에는 P사가 좋은 것 같습니다."

결국 종합해보면, '-같다'라는 표현은 내 말이 정답이 아닌 경우에 빠져나갈 구멍을 만들어주는 확실한 묘수라고 볼 수 있다. 정확하게 단언하지 않고 '같아요'라고 말함으로써 내가 한 말이나 선택의 책임으로부터 자유로울 수 있는 것이다. 모든 것이 불확실하고 다양한 선택지가 존재하는 가운데, 정답만을 요구하는 사회 분위기 속에서 자연스럽게 생겨난 표현 방식이 아닐까 싶다.

하지만 설득의 순간에 '-같다'라는 추측성 표현은, 자칫 잘못하면 독이 될 수 있다. 누군가를 설득해야 하는 상황에서 불확실하고 자신감 없는 표현을 사용하면 상대방에게 신뢰감을 주기 어렵기 때문이다. '나보고 결정하라는 이야기인가?' 하는 의구심을 낳게 할 수 있다. 또한 어떤 사안이나 상황을 파악함에 있어서 준비가 부족했다는 인식을 줄 수도 있다. 따라서 정답이 아닐지라도 그 순간만큼은 자신 있게 "○○입니다", "○○가 맞습니다"라고 말한 뒤, 그에 합당한 이유나 근거를 덧붙여 설득하는 편이 낫다.

어떻게 보면 '-같다'라는 말은 내 선택을 강요하기보다 상대방에게 여지를 남겨두는 겸손한 표현이자, 인간관계를 말랑말랑하게 하는 좋은 표현이다. 그러나 중요한 순간에는 '같아요'를 잠시 넣어두고, 자신감 있고 확신에 찬 돌직구를 한번 던져보면 어떨까? 제대로 받아칠 것이라는 걱정과는 정반대로, 상대방이 헛스윙을 해올지도 모른다.

이유를 대는 이유

하루는 친구의 사무실에 놀러간 적이 있다. 코로나 여파로 카페에서 일하기가 부담스러운 탓에, 조금 더 안전한 친구의 사무실을 선택했다. 물론 안전을 담보하는 대가로 '커피 타 와라', '와이파이 사용료는 시간당 천 원이다' 등의 시답잖은 농담을 견뎌야 했지만, 오랜만에 친구와 함께 일하는 시간이 싫지만은 않았다. 게다가 평소 헛소리나 하면서 시시덕거리는 모습만 보다가, 오늘은 회사 대표로서의 친구 모습을 볼 수 있어 새로운 기분도 들었다. 바로 그때, 한창 바쁘게 일하던 친구가 직원에게 일을 시킨다.

"김 과장, 지난달 A 제품 판매현황 자료 준비해 와."

"이 대리, 교육용 카드 샘플 좀 요청해서 받아놔."

직원들에게 업무 지시를 하는 친구의 말에서 살짝 이상한 점을 느꼈다. 얼핏 보면 전혀 이상할 것 없어 보이는 직장 상사와 직원의 대화이지만, 실은 여기에 중요한 한 가지가 빠져 있다.

친구의 말하기 방식을 보면 내 주장이나 의견만 전달하고 그에 대한 이유를 생략하고 있었다. 말하고자 하는 'What'은 있는데, 그렇게 말하는 것에 대한 'Why'가 없는 것이다. 이는 내 친구만 그런 것이 아니라, 많은 사람들이 일상생활이나 업무 상황에서 자신의 의도는 말하지 않고 요구만 전달하곤 한다. 특히 윗사람이 아랫사람에게 일을 시키는 경우, 대부분 목적을 생략하고 자신의 요구나 지시만 전달한다.

"교육 결과 보고서 써 와."
"회계 팀에 지난달 영업이익 자료 요청해."

위와 같이 앞뒤 다 잘라먹고 업무 지시만 할 뿐, 그것을 왜 해야 하는지에 대한 설명은 생략한다. 바쁘고 귀찮아서 그렇기도 하고, 굳이 필요성을 느끼지 못해서 그렇기도 하다. 여기에 더해, 말하지 않아도 내가 의도하는 바를 상대방도 잘 알고 있을 것이라는 착각 때문이기도 하다.

대부분의 비극은 이 지점에서부터 시작된다. 아마 아랫사람에게 일을 시켜봤다거나 상대방에게 어떤 일을 부탁해봤다면, 내가 요구한 것에 미치지 못하거나 전혀 다른 결과물을 받아본 경험이 있을 것이다. 이때 대부분의 사람들은 '얘가 왜 이러지?', '이렇게밖에 못 하나'라고 생각하며 상대방을 탓하기 일쑤다. 하지만 일을 시킬 때 '왜냐하면'이라는 한 마디를 생략해 일을 해야 하는 이유를 설명해주지 않은 본인의 탓이 더 크다는 것을 알아야 한다.

'왜냐하면'이라는 단어는 생각보다 강력한 힘을 가지고 있다. 말하는 사람과 듣는 사람 모두에게 도움이 되는 단어이다. 이는 심리학자 엘렌 랭어의 '복사기 실험'을 통해 확인할 수 있다. 랭어는 복사기에 줄을 선 사람들 맨 앞으로 끼어들기를 시도할 때, 어떤 말을 하면 성공률이 높은지를 실험한 적이 있다. 이때 세 가지 변수를 가지고 각각의 성공률을 조사했는데, 그 결과가 꽤 흥미롭다.

첫 번째는, 양해의 말만 하고 나서 끼어드는 방식이었다.

"죄송합니다만, 먼저 복사기를 사용하면 안 될까요?"

이때의 성공률은 60%였다. 두 번째는, 앞의 방식에 이유를 덧붙인 방식이었다.

"죄송합니다만, 먼저 복사기를 사용하면 안 될까요? 왜냐하면 지금 제가 굉장히 바쁜 일이 있거든요."

이때의 성공률은 94%였다. 사실 여기까지는 당연하게 생각할 수 있다. 하지만 극적인 것은, 마지막 세 번째 경우이다.

"죄송합니다만, 먼저 복사기를 사용하면 안 될까요? 왜냐하면 제가 지금 복사를 해야 하거든요."

'왜냐하면'이라는 단어만 사용했을 뿐, 그 뒤에 붙인 이유는 사실 전혀 말도 안 되는 이유였다. 하지만 놀랍게도 이때의 성공률은 무려 93%였다. 이러한 결과에 대한 이유를 전문가들은 세 가지 측면에서 해석한다.

첫째, 때때로 우리 뇌는 언어의 내용보다 형식에 초점을 맞추기 때문이다. '왜냐하면'이라는 단어를 듣는 순간, 그 뒷말을 듣지 않아도 왠지 합리적인 이유가 있을 것이라고 추측하기 때문에 승낙할 확률이 높아진다고 한다.

둘째, 이유 자체가 가져다주는 만족감 때문이다. 신경학자들의 연구에 따르면, 사람들은 어떤 일에 대한 이유를 알아가는 과정에서 쾌락 호르몬인 '도파민'이 분비되면서 기분이 좋아지는 경험을 한다고 한다. 마치 풀리지 않던 미스터리가 풀리고, 문제가 해결되는 듯한 만족감을 느낀다는 것이다.

셋째, 결론에 대한 이유를 설명하고 듣는 방식은, 인간이 어떠한 현상을 이해하는 가장 보편적인 방식이기 때문이다. 어떤 일이 일어난 후에 그에 대한 이유를 설명해주는 방식은, 우리에게 가장 익숙한 스토리 구조이기 때문에 높은 설득력을 가지는 커뮤니케이션 방식이기도 한 것이다.

이처럼 어떤 말이나 의견 뒤에 '왜냐하면'을 덧붙여 그 이유를 설명해주는 것만으로도 설득력을 크게 높일 수 있다. 게다가 듣는 사람 입장에서도 문제 해결에 대한 욕구가 충족되고 만족감을 느낄 수 있다고 하니, 이 말을 마다할 이유가 없다고 본다.

친구와의 대화를 끝내고, 잠시 휴식을 취하기 위해 사무실에 있는 TV를 켠다. 때마침 백종원 씨가 진행하는 요리 프로그램이 하고 있다. 온라인으로 요리 강의를 진행해 전국에 있는 '요린이(요리+어린이)'들에게 요리를 가르쳐주는 프로그램이다. 정말 쉬운 것부터 차근차근 가르쳐준다. 오늘의 요리는 추억 돋는 옛날 소시지 반찬이었다. 먼저 백종원 씨가 시범을 보인다.

"요린이 여러분, 소시지에 달걀물을 입히기 전에 반드시 밀가루를 묻혀줘야 해요. 왜냐하면, 그래야 소시지에 달걀물이 잘 묻습니다. 아셨죠?"

역시 최고의 요리 전문가라는 생각이 들었다. 사람들이 백종원 씨를 괜히 좋아하는 게 아니구나 싶다.

설득의 말이자, 배려의 말인 '왜냐하면'이 더욱더 많이 활용되기 바란다. 왜냐하면, 자신의 요구만 전달하기보다 그 이유까지 전달하는 방식이 훨씬 더 원활한 소통을 만들어내기 때문이다.

똑똑해 보이는 말하기 기술

똑똑해 보일 수 있는 말하기 기술 세 가지를 소개하겠다. 유의해야 할 점은 진짜 똑똑해진다는 게 아니라, 똑똑해 '보일 수 있다'는 점이다.

1. 확신을 가지고 결론을 이야기하기

"한마디로……"
"결론부터 이야기하면……"
"핵심은……"

이렇게 말하면, 뭔가 중요한 것을 말하는 것처럼 들리게 할 수 있다. 단, 이렇게 말해놓고 길고 장황하지 않게, 간결하게 말하는 것이 포인트다.

2. 이유와 근거를 들어 이야기하기

"그렇게 생각하는 이유는……"
"왜냐하면……"

"ㅇㅇ이기 때문에……"

이렇게 말하면, 뭔가 그럴듯하게 들리는 효과를 줄 수 있다. 뒤에 덧붙이는 이유와 근거가 논리적으로 모순이 없어야 한다는 것이 포인트다.

3. 구조화하여 큰 그림을 먼저 이야기하기

"세 가지 측면에서 생각해봤습니다."
"장점과 단점이 있습니다."
"세 가지 이유를 말씀드리겠습니다."

이렇게 말하면, 뭔가 정리된 것처럼 메시지를 전달할 수 있다. 너무 많은 가짓수를 나열하지 않는 것이 포인트다.

직구 대신
변화구를

친구는 요즘 교육용 카드 개발에 매진하고 있다. 후배 2명과 함께 팀을 꾸려서 작업 중인데, 마음처럼 잘 되지만은 않나 보다. 연일 불만을 입에 달고 산다. 그러던 어느 날, 친구와 함께 카페에서 일을 하고 있는데 같이 작업하는 친구 후배에게 전화가 걸려왔다. 통화를 하던 친구의 분노 게이지가 점점 상승해간다.

"그건 아니지. 설문조사가 무슨 의미가 있어? 그 결과 믿고 하다가 망해. 차라리 사용자 인터뷰를 진행해. 그래야 인사이트가 나오지. 기계적인 설문 답변에서 뭘 기대하냐!"

분위기가 차갑다 못해 살벌하다. 내가 친구 놈의 부하 직원이 아닌 것을 새삼 다행스럽게 여기며, 한마디를 건네본다.

"그렇게 까기만 하면 어떡하냐? 같이 일하고 싶겠냐? 달래면서 일해야지."

"그럼 어떻게 해? 일이 잘되는 게 중요한 거 아니냐? 아닌 건 아니라고 말해야지."

"그래, 아닌 건 아니라고 말해야지. 근데 그렇게 몰아세우면서 '안 돼', '잘못됐어'라고 말하면, 일할 맛이 나겠냐? 일단 수긍을 좀 하고 반론할 줄도 알아야지. 'Yes, But' 화법 몰라? 젊고 세련된 방식이라 'YB' 화법이라고도 불리는 거."

친구가 잠시 당황하는 듯하더니, 재차 질문을 해온다.

"먼저 수긍하고 나서 반론을 제시하라고?"

"응. 일단 잽은 받아주고, 그 후에 훅을 날리는 거지. 만약 내가 너였다면, 이렇게 말했을 거야."

"제품 출시 전에 설문조사를 계획한 건 잘한 것 같아.

그런데 사람들이 설문조사에는 왠지 성의 없게 대답하기도 하잖아. 정확한 인사이트를 얻기 힘들 수 있어. 그래서 설문조사 하기 전에 먼저 사람들을 만나서 사용자 인터뷰를 해보면 좋을 것 같은데, 네 생각은 어때?"

어떤 의견을 말하거나 아이디어를 제안했을 때, 상대방이 곧바로 반박하고 부정하면 누구나 감정이 상한다. 내 의견에는 내 생각과 함께 자존심 한 스푼이 필히 얹혀 있으므로, 거절당하면 불쾌한 감정이 드는 것이 당연하다. 상대방이 아무런 사적인 감정 없이 덤덤하게 자신의 이야기를 하는 것일지라도, 더 이상 말을 듣고 싶지가 않아진다. 이성적이고 논리적인 문제에서 감정적인 문제로 상황이 바뀌었기 때문이다.

결정의 90%는 감성에 근거한다.
감성은 동기로 작용한 다음,
행동을 정당화하기 위해 논리를 적용한다.
그러므로 설득을 시도하려면 감성을 지배해야만 한다.
-데이비드 리버만

세상에는 딱 두 종류의 사람이 존재한다. '나' 그리

고 '나와 다른 사람'이다. 아는 것이 다르고 경험한 것이 다르기 때문에, 기본적으로 사람과 사람 사이에는 인식의 차이가 존재한다. 그래서 때로는 상대방의 이야기가 이해되지 않고, 억지스럽게 들릴 때가 있는 것이다. 그럴 때면 우리는 보통 "그건 아니잖아"라는 말을 반사적으로 발사한다. 이는 인간의 방어 기제로서 본능적으로 튀어 나가는 말이기도 하다.

이때 다르다는 이유로 상대방의 의견을 무조건 무시할 것이 아니라, 일단 첫마디를 긍정의 신호로 시작하는 YB 화법을 사용하면 좋다. YB 화법은 한마디로 'No, Because(안 돼, 왜냐하면)'가 아니라 'Yes, But(맞아, 그런데)'이라고 말하는 것이다. '그런 측면도 있지만', '그 점은 인정합니다만' 등으로 우선은 상대방의 말을 먼저 인정한 다음에 내 의견을 펼치는 화법이다. 이 화법을 쓰면 내 의견에 대한 상대방의 수용도가 높아지는 것을 경험할 수 있을 것이다.

YB 화법의 핵심은 '너는 틀리고, 나는 옳다'가 아니라, '네 생각은 이런데, 나는 생각이 다르다'를 전달한다는 것이다. 즉, 상황을 옳고 그름의 문제로 바라보는 대신, 같고 다름의 문제로 전환하는 방법이다. 이러한 YB

화법은 다음과 같이 무척이나 다양한 상황 속에서 적용될 수 있다.

의견이 다른 팀장님에게

"팀장님이 잘 모르셔서 그러는데, 디자이너들은 생각이 달라요." → "팀장님처럼 생각할 수도 있겠네요. 그런 측면도 고려할 수 있을 것 같아요. 하지만 디자이너들의 생각은 조금 다릅니다."

술 먹자고 조르는 친구에게

"오늘 안 돼. 바빠." → "나도 오늘 너랑 진짜 술 한잔하고 싶은데, 오늘은 바쁜 일이 있어서……."

마음에 안 드는 행동을 하는 배우자에게

"하루 종일 소파에서 뒹굴거리지만 말고 아이랑 좀 놀아줘." → "그동안 많이 피곤했으니까 힘들어서 쉬고 싶겠다. 근데, 아이랑 함께하는 시간도 좀 필요하지 않을까?"

놀기만 하고 공부를 안 하는 아이에게

"그만 놀고 공부 좀 해!" → "그래, 얼마나 놀고 싶겠니. 엄마도 그랬었어. 그래도 오늘 할 공부는 하고 나서 놀면 어떨까?"

물론, 거절은 하는 사람이나 당하는 사람 모두에게 불편하고 힘든 일이다. 어쩔 수 없는 경우라도 한쪽은 미안한 감정, 한쪽은 서운한 감정이 든다. 그럼에도 불가피하게 'No'를 말해야 하는 상황이라면, YB 화법을 장착해 상대방이 보다 감정 상하는 일 없이 내 의견을 수용할 수 있도록 해보자. 어렵고 힘들기만 했던 거절의 순간이, 전보다는 훨씬 덜 부담스러워질 것이다.

강함을 이기는 부드러움

서울은 어디를 가든지 주차 전쟁이 펼쳐진다. 그나마 주차 관리 요원이 있는 곳은 조금 나은데, 그렇지 않은 곳은 이면주차와 불법주차가 난무하고, 이로 인한 갈등도 빈번하다. 친구와 카페에서 미팅을 끝내고 나오던 이날도 그랬다. 우리 차 앞을 떡하니 다른 차가 가로막고 있었다. 친구가 전화번호를 확인하고 전화를 걸어, 다소 신경질적인 목소리로 말한다.

“저기요. 차 좀 빼주세요.”

전화기 너머로 상대방의 목소리가 들려온다.

"네? 네……."

전화를 한 친구도, 전화를 받은 상대방도 꽤나 언짢은 상황이 벌어졌다. 차를 타고 주차장을 빠져나오는 길, 왠지 모르게 저 멀리서 상대방의 짜증 섞인 목소리가 들려오는 듯했다. 친구에게 장난삼아 영화 <해바라기>의 명대사로 말을 걸어본다.

"꼭, 그렇게 말을 해야만, 속이 후련했냐?"

"뭐가 어때서? 저 사람이 잘못한 거잖아. 왜 이면주차를 해서 남의 차를 가로막고 난리야."

"물론 잘못은 저 사람이 했지. 근데 꼭 그렇게 명령조로 말해야만 했냐는 거지."

"존댓말로 했잖아."

"반말이냐 존댓말이냐가 중요한 게 아니라, 어찌 됐든 명령조로 말한 거에 상대방 기분이 상했을 수도 있다는 뜻이야."

"그럼 어떻게 말했어야 하는데?"

우리말은 참 '아' 다르고 '어' 다르다. '나는 싫다'와 '나도 싫다'처럼, 조사 한 글자만 바뀌어도 뉘앙스와 의미가 달라진다. 그런데 이를 활용하면, 뭔가를 제안하거나 지시하는 상황에서, 보다 부드럽게 상대방을 설득하는 것이 가능하다. 그 말하기 기술 세 가지를 소개하겠다.

첫째, 명령형이 아닌 의문형으로 이야기해보자.

"차 좀 빼주세요."

vs

"차 좀 빼주시겠어요?"

둘 중 어떤 말이 더 부드럽게 들리는가? 미묘한 차이지만, 아마 후자를 택하는 사람이 더 많지 않을까 싶다.

당연히 다른 차가 내 차를 가로막고 있으면 기분이 나쁘고, 상대방이 잘못했다는 생각이 들 수 있다. 그럴 때 내 마음속에는 상대방보다 우위에 있다는 감정이 생기게 된다. 그래서 당연하다는 듯이 명령조로 말하게 되는 것이다. 이런 상황은 우리가 흔히 말하는 갑을 관계에서 자주 벌어진다. 상사와 부하, 부모와 아이, 손님과 직원, 발주처와 수주회사 등의 관계가 대표적이라고 할 수 있다.

"이 옷 좀 바꿔주세요."
"디자인 좀 수정해주세요."
"공부 좀 해라."

명령형이든 의문형이든 상대방의 행동을 유도하거나 변화시키려는 목적으로서, 어차피 전달되는 메시지는 같다. 하지만 단지 물음표 하나 붙이냐 마냐의 차이가, 듣는 사람 입장에서 그 말이 명령, 강요로 들릴지, 부탁, 권유로 들릴지를 결정한다.

"옷 좀 바꿔주시겠어요?"
"디자인 좀 수정해주시겠어요?"
"이제 공부 좀 하겠니?"

이처럼 의문형이나 청유형으로 말하는 방식은 상대방에게 일방적인 요구를 하는 것이 아니라, 이해와 수용을 기반으로 조금 더 세련되게 말하는 방식이라고 할 수 있다. 그에 따라 어조는 덜 강경해질 수 있으나, 제안에 대한 수용도는 오히려 높아질 것이다. 물음표를 통해 상대방에게 선택권을 부여하면, 상대방은 보다 적극적이고 자발적인 자세를 취하게 되기 때문이다.

둘째, '너는'이 아닌 '나는'이라고 말해보자.

"너 그런 말 하지 마."

VS

"나는 네가 그런 말을 하지 않았으면 좋겠어."

같은 의미와 의도를 가진 문장에서, 이번에는 주어 하나가 다르다. 앞 문장은 상대방을 주어로 말하는 방식으로 'You-Message'라고 하며, '네가' 잘못되었다는 평가와 함께 상대방의 행동을 바꾸려는 의도가 포함되어 있다. 어느 정도 강요의 의미도 담겨 있다.

평소 대화 중에 "너는 왜 그러냐?", "너는 왜 조심성이 없니?", "너는 보고서를 이렇게밖에 못 쓰냐?" 등으로 꼭 '너(You)'를 주어로 말하는 사람이 있다. 모든 책임과 비난을 상대방을 향해 쏟아내는 방식이다. 이런 말을 들으면, 상대방이 행동을 주도적으로 변화시키고 싶었다가도, 죄책감과 무안함을 느끼는 탓에 거부감이 들고 만다. 변해도 내가 선택해서 주도적으로 하고 싶은데, 누가 이래라 저래라 하는 말에 거부감이 든다.

이에 반해, 뒤의 문장은 '나(I)'를 주어로 말하는 방식으로 'I-Message'라고 하며, 여기에는 평가의 의미도 없고, 상대방을 바꾸려는 의도도 없다. 단지 어떠한 상황에 대해 내가 느끼는 감정과 의견을 말하는 방식이다. 강요가 아닌 권유의 의미가 담겨 있다. 이러한 I-Message의 활용 방법은 다음과 같다.

수학 공식처럼 정확하게 정의된 것은 아니기에 상황에 따라 달라질 수는 있지만, I-Message의 핵심은 상대방에 대한 비난과 책임 대신, 내 감정과 내 의견을 전달하는 방식이라는 점이다. 상대방을 조종하려는 의도 없이도 상대방의 마음을 움직이는 힘을 지녔다.

이 I-Message를 잘 활용하는 사람 중 하나가 바로 내 아내이다. 아내의 잔소리를 들어도 왠지 기분이 별로 나쁘지 않은 이유를 잘 생각해보니, 아내는 늘 I-Message를 활용해 이야기하고 있었다. 예를 들어 친구와 술 먹느라 정신이 팔려서 연락도 안 하고 늦게 들어갈 때면, "집에서 기다리는 사람은 생각도 안 하냐?" 라고 말하는 대신 "연락도 없이 늦게 오니까 내가 걱정되잖아. 출발할 때 카톡 좀 해"라고 말한다. 확실히 잔소리라기보다는 걱정하는 말로 들린다.

네가 연락도 없이 늦게 온다. (상대방의 행동)
나는 네가 걱정된다. (나의 감정)
출발할 때 카톡 해라. (나의 바람)

마지막으로 "○○해"라고 하지 말고, "○○하는 사람이 돼"라고 해보자.

"책임감 있게 행동해"
vs
"책임감 있는 사람이 돼."

두 문장 역시 의도는 비슷하지만, 전자는 행동을 교정하려는 목적이 뚜렷하고, 후자는 그 사람의 정체성 자체를 변화시키려는 의도가 포함되어 있다. 이 차이가 의미하는 바는 무엇일까?

이와 관련해 캘리포니아 대학에서 진행된 한 실험

결과를 살펴보자. 이 실험에서 연구자들은 실험 참가자들을 A 그룹과 B 그룹으로 나눈 뒤, 각각의 그룹에게 이렇게 말했다.

A 그룹에게 "거짓말하지 마세요."
B 그룹에게 "거짓말쟁이가 되지 마세요."

뒤이어 그들에게 주어진 질문에, 각각의 그룹이 거짓말을 하는 확률을 살펴봤다. 결과는, A 그룹의 참가자들이 B 그룹의 참가자들보다 훨씬 높은 확률로 거짓말을 하고 있었고, 행동 교정의 효과가 낮게 나타났다. 이는 사람의 행동을 교정하기 위해서는 'To do(해라)' 메시지보다, 그 상위에 있는 정체성을 변화시키려는 'To be(돼라)' 메시지가 더욱 설득력 있다는 것을 의미한다.

이 실험은 심리학의 일종인 'NLP(Natural language processing·자연 언어 처리)'라는 학문을 기초로, 로버트 딜츠라는 학자가 제창한 '뉴로로지컬 레벨(Neurological level·신경 논리 단계)'과도 맥락을 같이한다.

이 모델에 따르면, 사람의 변화는 부분적인 조각으로 일어나는 것이 아니라 여러 가지 조건이 상호 영향을 끼치며 유기적으로 일어나는데, 요점은 상위 단계가 하위 단계를 지배하는 힘이 있다는 점이다. 한마디로 폭포의 윗부분을 변화시켜야 그 아래에 영향을 끼칠 수 있다는 의미로, 사람의 변화를 유도하기 위해서는 정체성과 같은 상위 단계를 변화시켜야 한다는 것이 핵심이다.

따라서 사람의 '행동'을 변화시키고자 하면 '나한테 문제가 있다는 거야?'라며 거부감이 들 수 있지만, 그 상위 단계인 '정체성' 수준에서 "이런 사람이 돼라"라고 말하면 상대방의 수용도를 조금 더 높일 수 있다. 예를 들어 "지각하지 마"라고 말하는 대신 "시간 약속을 잘 지키는 사람이 돼", "집에 돌아오면 반드시 손을 씻어"라고 말하는 대신 "위생 관념이 있는 사람이 돼"라고 하면 훨씬 설득력 있고 영향력 있는 메시지가 되는 것이다.

친구와 차를 몰고 가던 길에, 기름이 부족해서 주유소로 들어간다. 주유를 하던 중, 친구가 차 곳곳에 있는 쓰레기를 모으더니 직원에게 이렇게 말한다.

"죄송하지만, 이것 좀 버려주시겠어요?"
"네, 손님."

친구의 부드러운 부탁을, 주유소 직원이 기분 좋게 승낙한다. 내 말을 듣고 실천에 옮기는 친구의 모습을 보니 나 역시 기분이 좋아졌다.

3 배려의 언어

사람이 먼저

친구와 함께 차를 타고 지방 출장을 가는 길이었다. 오랜만에 친구와 이런저런 이야기를 나누며 고속도로를 달리는데, 친구의 핸드폰이 방정맞게 울려댄다. 친구 아내의 전화였다. 전화를 받은 친구의 표정이 점점 어두워진다. 아무래도 친구 아내가 차 사고를 낸 것 같다. 잠자코 듣고 있던 친구가 한마디를 꺼낸다.

"너는 정신이 있는 거니, 없는 거니? 누가 박은 건데?"

통화는 몇 분간 더 이어졌다. 통화 내내 친구는 최고조의 흥분 상태를 유지하며, 아내를 몰아세웠다. 통화를 마친 후, 괜히 뻘쭘했는지 나를 보고 이렇게 말한다.

"괜찮겠지?"

"그걸 왜 나한테 묻냐? 네 아내한테 얘기했어야지. 근데 내가 볼 때 이미 늦었다. 너 이거 1년짜리야."

친구는 오늘 사건을 계기로 아내에게 1년, 아니 평생 잔소리를 들어야 할지도 모른다는 생각이 들었다. 살면서 비슷한 일이 있거나 관련된 상황이 펼쳐지면 친구 아내의 입에서 아마 이런 소리가 나오지 않을까?

"너는 사고가 났으면 나를 먼저 챙겨야지, 차가 먼저야? 누가 박았는지가 그렇게 중요해? 그런 건 나 죽고 나서 따져."

물론 내 친구가 100% 잘못했다고는 할 수 없다. 일단 아내가 직접 전화를 했다는 사실에 크게 다치지는 않았다고 판단했고, 친구는 자연스레 다음 문제로 생각이 넘어간 것이다. 상황에 공감하고 상대방을 위로해주는 절차를 생략한, 전형적인 문제 해결 중심의 사고패턴이다. 딱 1분이면 충분한 말 한마디를 생략해서, 친구는 1년짜리 잔소리거리를 만들어버렸다. 정정한다. 친구가 100% 잘못한 것이 맞다.

가끔 소통과 관련된 강의를 하면서 자주 하는 질문이 있다. '아이가 친구랑 싸우고 왔다고 말하면 어떻게 대답할 것인가?'라는 질문이다. 생각할 시간을 많이 주지 않고 즉각적인 답변을 요구하는데, 이때 참가자들의 반응이 꽤 재미있다.

일단 50% 정도의 사람들은 굉장히 상식적인 반응을 보인다.

"그래? 다친 데는 없어?"

나머지 49% 정도의 사람들은 이렇게 말한다.

"왜 싸운 건데?"
"누가 먼저 때렸어?"

일이 크게 번질 것을 걱정하여 이유를 묻고, 책임을 추궁한다. 문제 해결에만 포커스를 맞추고, 아이를 생각하는 마음은 온데간데없다.

앞에서 50%가 아닌 49%라고 말한 이유는, 49%를 뛰어넘는 탁월한 문제 해결자 1%가 존재하기 때문이다. 그들의 답변은 이랬다.

"싸운 애 부모 직업이 뭐니? 변호사는 아니지? 혹시 경찰이야?"

누구나 살면서 실수를 하고 잘못을 저지른다. 하지만 그럴 때마다 듣는 말은 대부분 "아, 그래서 어쩔 건데?", "누가 잘못한 거야?", "누가 책임질 거야?" 등이다. 문제 상황만 생각해서, 잘못하고 실수한 사람의 마음은 안중에도 없다. 그들에게도 분명 걱정되고, 두려운 마음은 있을 테지만, 오로지 문제 해결에만 집중하느라 그 마음이 눈에 보이지 않는 것이다.

혹시 본인이 이런 사람 중 하나라면, 지금부터라도 문제 해결보다 소중한 상대방의 마음을 지키도록 해보자. 결코 어렵지도, 많은 시간이 필요하지도 않다. 딱 한 마디면 충분하다.

"그럴 수도 있지. 많이 힘들었겠다."

"나도 그런 실수 해본 적 있어. 누구나 다 실수해."

조금 더 구체적으로는, 아래와 같이 3단계로 말하면 좋다.

상황 체크 → 위로의 말 → 해결방안 제시

"괜찮아? (상황 체크) 많이 걱정했겠다. (위로의 말) 일단 이렇게 한번 해보자. (해결방안 제시)"

이렇게 먼저 말하고 나서 문제를 해결해도 늦지 않다. 오히려 상대방의 마음을 위로한 후에 머리를 맞대면, 훨씬 더 좋은 해결책이 떠오를지도 모른다. 마음으로 쌓은 덕은 반드시 몇 배의 보상으로 돌아오기 마련이다.

출장을 마치고 집으로 돌아가는 길, 오래전 파트장으로 근무할 때의 일이 생각났다. 중요한 행사를 앞두고 있었는데, 해외여행을 떠난 직원이 여권을 잃어버려서 귀국이 늦어진다고 하는 게 아닌가. 그 얘기를 듣자마자 화가 나서 이렇게 말했다.

"넌 도대체 행동을 왜 그렇게 해. 그래서 언제 올 수 있는데? 며칠이 늦어지는 건데? 내일이 아카데미 오픈 행사인데, 어쩌려고."

직원은 곧장 울음을 터트렸다. 더 이상의 대화는 없었다.

그로부터 오랜 시간이 지나고, 오랜만에 그 직원과 만나서 소주 한잔을 하는데, 가볍게 취기가 오른 직원이 말한다.

"대표님, 저 이제 해외 나가도 여권 안 잃어버려요!"

웃으면서 이야기하고는 있었지만, 그래도 지금까지 담아두고 있었을 정도면 상처가 많이 컸던 것 같다. 다시 한번 반성하며 마음속에 새겨본다. '언제나 사람이 먼저'라고 말이다.

해주긴 뭘 해줘

친구와 공동으로 진행하는 세미나가 있는 날이었다. 그런데 아침부터 친구의 기분이 좋지 않다. 집에서 아내와 싸우고 나온 탓이다. 이유를 물어보니, 여느 부부 싸움과 마찬가지로 역시나 사소한 것이었다. 어제저녁이 쓰레기 분리수거를 하는 날이었는데, 친구가 이렇게 말한 것이 화근이 되었다고 한다.

"오늘 분리수거는 내가 해줄게."

'이 말이 뭐가 잘못됐지?'라고 생각하는 사람이 있다면, 다음에 이어질 친구 아내의 말을 천천히 곱씹어볼 필요가 있다.

"너는 집안일이 자기 일이라고는 생각 안 하지? 그러니까 '해줄게'라고 말하지. '해줄게'가 아니라 '할게'가 맞는 말 아니야? 집안일에 네 일 내 일이 따로 있어?"

물론 친구는 좋은 의도를 가지고, 단순히 아내를 돕고 싶은 마음에 "해줄게"라는 말을 했을 것이다. 하지만 듣는 입장에서는 조금 다르게 들렸던 것 같다. 아마 분리수거는 자기 일이 아닌데, 선심 쓰듯이 말하는 것처럼 들렸나 보다.

"할게"든 "해줄게"든 무슨 차이가 있냐고 생각할 수 있다. 하지만 '해주다'는 '하다'와는 다르게, 베푸는 차원에서 상대를 위해 뭔가를 수고한다는 의미가 포함되어 있다. '하다'에 붙은 '주다'라는 보조 용언이 남을 위해, 남이 원하니까 행동한다는 의미를 부여하는 것이다. 따라서 집안일이 마치 아내의 일인 양 "해줄게"라고 한 친구의 말은, 친구 아내 입장에서 충분히 기분 상할 만한 말이었다.

한편, 친구는 실제로 마음속에서 '분리수거는 내 일이 아닌데 대신해주는 거니까, 고맙게 생각해'라는 생각을 하고 있었는지도 모른다. 앞서 이야기했듯이 말은 '생각을 담는 그릇'이기 때문이다. 겉으로 내뱉는 한마디 말에는 알게 모르게 내 생각과 의식이 반영되어 있다. 사소한 말 습관 하나에도 내가 의식하지 못하는 사이에 내 생각과 가치관이 담기곤 하는 것이다.

게다가 말이라는 것이 어느 순간부터는 내 생각을 지배해, 생각하는 대로 말하는 것이 아니라 말하는 대로 생각하는 현상이 벌어질 수도 있다. 미국의 워프라는 학자가 주장한 '워피안 이론(Whorfian theory)'에 따르면, 언어는 우리의 인식을 통해 나오는 것이지만, 반대로 언어가 우리의 인식에 영향을 줄 수도 있다고 한다. 행복해서 행복하다고 말하는 것이 아니라, 행복하다고 말하면 행복해진다는 것도 이와 같은 맥락이다. 따라서 사소한 말 한마디에도 되도록 주의를 기울이는 편이, 듣는 사람, 말하는 사람 모두를 위해 좋을 것이다.

친구의 기분은 기분이고, 오늘 우리는 예정대로 취업 세미나를 진행해야 한다. 예산이 넉넉지 않아서 나랑 친구는 강의도 하고, 세팅도 하고, 수강생 응대도 하고, 하나부터 열까지를 다 해야 한다. 가장 먼저 컴퓨터를 세팅하고 있는데, 저 멀리서 친구의 말이 들려온다.

"야, 자리 세팅은 내가 해줄게."

가만히 눈을 감았다. '습관을 바꾼다는 게 정말 쉽지 않은 거구나…….' 그럼에도 소중한 친구를 위해 다시 한번 소리친다.

"야, 이 XX야. '해줄게'가 아니라 '할게'라고!"

관계를 바꾸는 데 필요한 것은, 어쩌면 대단한 노력이 아닌 사소한 말 습관 하나일지도 모른다. 내가 무심코 던진 말 한마디에 누군가는 기분이 좋아지고, 누군가는 짜증이 샘솟을 수도 있는 것이다. 지금 이 순간부터, '해줄게' 대신 '할게'라고 말하는 사소한 말 습관을 한번 들여보는 건 어떨까?

왜냐고 묻지 말아야 할 순간

어느 날, 육아에 지친 아내가 이렇게 말했다.

"여보, 나 육아 때문에 힘들어 죽겠어."

이 말에 대한 나의 대답은 이랬다.

"왜 힘들어? 뭐가 힘들어?"

힘든 점을 물어 도와주고 싶고, 해결해주고 싶은 마음에 한 말이다. 하지만 이 말은 아내가 원한 대답이 아니었다. 힘들다고 말한 아내의 속내는 뭔가를 해결해달라는 의미가 아니라, 내가 힘든 걸 좀 알아달라는 의미였기 때문이다.

"너는 내가 왜 힘든지도 모르지? 육아는 네 일이 아니야?"

힘들다고 하는 아내의 말에 "왜 힘들어?"라고 되묻는 것은, "그건 네 일이고, 난 네가 왜 힘든지 모르니까 그 이유부터 설명해줘"라고 말하는 것과 똑같다. 그러니 아내의 입에서는 당연히 날카로운 말이 튀어 나갈 수밖에 없는 것이다.

물론 이유를 묻는 습관은 좋은 습관이다. 하지만 여기서는 순서가 틀렸다. "왜?"가 튀어 나가기 전에 다음과 같은 말을 먼저 꺼내야 했다.

"많이 힘들지? 내가 많이 못해서 미안해."

'왜'는 논리적으로, 이성적으로 원인을 파악해서 문제를 해결하려는 데 필요한 말이다. 그러나 여기서 핵심은 문제 해결이 아닌, 문제에 공감하는 것이다. 단지 상대방의 마음을 알아주는 것만으로 충분하다. 어차피 답도 없는 일에 대해 상대방은 그저 하소연한 것뿐이다. 그럴 때는 그냥 충분히 귀 기울여 들어줌과 동시에 공감 한 스푼을 얹어 말해보도록 하자.

"그랬구나. 힘들었구나. 나 같아도 그럴 거야."

시그널을 보내

친구와 함께 고객사 미팅을 가는 길이었다. 코로나 여파로 직장 내 미팅이 금지되어 외부 세미나룸에서 미팅이 진행되었다. 500미터 정도 떨어진 공영 주차장에 주차를 하고 미팅 장소로 향한다. 처음 가보는 곳이기도 하고, 시간도 촉박해서 친구의 마음이 급해 보인다. 지도 앱으로 검색하는 내가 답답해 보였는지, 길 가는 사람을 붙잡고 길을 묻는다.

"동방빌딩 어디로 가나요?"

상대방이 잠깐 놀란 듯하다가, 다행히 친절하게 길을 알려준다.

“서기 편의점 끼고 좌회전해서 200미터만 가시면 돼요.”

말이 끝남과 동시에 친구가 내 손을 잡아끈다.

“빨리 가자. 편의점 쪽이래.”

성격 급한 친구 덕에 우리는 늦지 않게 도착했다. 미팅을 성공적으로 끝내고, 프로젝트도 수주할 수 있었다. 다시 차를 타고 집으로 돌아가는 길. 기분 좋은 음악과 함께 시내를 빠져나가는 중, 갑자기 튀어나온 친구의 욕이 정적을 깬다.

“아, 저 ××는 깜빡이도 안 켜고 끼어들면 어떡해!”

경적을 울리며 쌍라이트로 반격하려는 걸 겨우 말리고, 친구에게 조심스럽게 한마디를 건네본다.

“누구랑 똑같네.”
“뭐라고? 그게 뭔 소리야?”
“아까 네가 한 행동 말하는 거다.”

"아까 내가 뭐?"

"우리 미팅 장소 가는 길에, 네가 길 물어볼 때 말이야. 너는 눈치 못 챘겠지만, 아까 그 사람 너 때문에 깜짝 놀라더라. 게다가 네가 용건만 끝내고 돌아서니까 굉장히 언짢아했고."

"그래? 뭔 상관이야, 다시 볼 것도 아닌데."

"근데 그게 평소 네 말 습관이라는 게 문제야. 너만 생각하고, 자기중심적으로 말하는 거. 그건 좀 고치는 게 어떠냐?"

조금 세게 말했는지, 친구가 당황해한다. 그래도 친구 녀석이 남의 의견은 잘 수용하는 편이라, 내 말뜻을 궁금해한다.

"그래? 내가 뭐가 부족했냐?"

"비록 길 물어보는 사소한 상황이지만, 너는 중요한 두 가지를 생략했어. 첫 번째는, 상대방의 영역으로 들어갈 때 네 생각만 하고 상대방에 대한 배려가 없었어. 지금 네 앞에서 저 차가 깜빡이도 안 켜고 끼어든 것처럼 말이야."

운전할 때, 내 앞에서 깜빡이도 안 켜고 '칼치기'로 들어오는 차가 있다면 깜짝 놀라거나 사고가 날 수 있다. 끼어들 때는 반드시 깜빡이를 켜는 게 일종의 신호이자 예의다. 마찬가지로 사람 사이에서도 생면부지의 다른 사람 영역으로 들어갈 때는, 깜빡이 역할을 할 수 있는 어떠한 '시그널'이 필요하다. 그에 맞는 의사 표현을 하고, 예의를 갖춰야 한다는 뜻이다. 이를 생략하면 누군가를 놀라게 하는 것에서 끝나지 않고, 기분을 상하게 만들 수도 있다.

"저기 실례합니다만……"
"잠시 말 좀 묻겠습니다."

시그널 역할을 하는 이런 말을 '쿠션어'라고도 한다. 쿠션어는 갑작스럽게 상대방의 영역으로 들어갈 때나 뭔가 부탁을 할 때 깜빡이 역할을 해주며, 상대방이 들을 준비를 할 수 있도록 해준다. 꼭 필요한 말은 아니지만 말랑말랑한 배려의 언어로서, 딱딱하게 전달될 수 있는 내용을 부드럽게 바꾸어주는 역할을 하기도 한다. 딱딱한 분위기가 될 수 있는 상황을 미연에 방지하고, 좋은 관계를 만들어가는 데 도움이 되는 화법이다. 습관처럼 입에 붙여 사용해보자.

"시간 괜찮으시면, 잠깐 볼 수 있을까요?"
"잠시 실례하겠습니다. 자료 요청 좀 하려고요."
"바쁘시겠지만, 잠시 시간 좀 내주시겠어요?"

친구의 두 번째 실수는 '감사 인사'를 잊었다는 것이다. 상대방의 시간과 노력보다 자신의 목적이 중요했다. 게다가 길 안내를 사소한 일이며, 물어보면 가르쳐주는 것이 당연하다고 생각했다.

하지만 알다시피 세상에 당연한 것은 없다. 당연하다고 생각하면 권리가 되고, 그렇게 갑질이 시작된다. 꼭 권력을 휘두르고 진상짓을 하는 것만이 갑질이 아니다. 상대방의 배려에 고마움을 표하지 않는 것 역시 갑질이라고 볼 수 있다. 커피 한 잔 사주는 것, 엘리베이터 문을 열어주는 것, 길을 알려주는 것과 같은 사소한 배려가 비록 작은 호의일지 몰라도 그 안에는 필연 상대방의 마음과 노력이 담겨 있다. 그에 대해 "고맙습니다"라는 짧고도 값싼 한마디를 아끼지 않았으면 한다.

작년 여름에 미국으로 출장을 갔을 때, 느낀 점이 참

많다. 그중 하나는 미국 사람들은 아무렇지 않게 "I am sorry", "Excuse me", "Thank you"를 자주 쓴다는 것이다. 처음에는 이러한 그들의 언어 습관이 왠지 진정성 없이 느껴졌다. 진짜 미안하지도, 정말 고맙지도 않으면서 아무 감정 없이 하는 말 같아서, 빈껍데기처럼 보였다. 하지만 이제는 비록 빈껍데기일지라도 굳이 말로 표현하는 이유를 조금은 알 것 같다.

말을 할 때는 그 내용도 중요하지만, 그에 못지 않게 형식도 매우 중요하다. "실례합니다"라는 말이나 "고맙습니다"라는 말에 꼭 진심을 담지는 않더라도, 그 말 자체가 상징하는 바가 하나의 신호로서 의미를 지니는 것이다. 그러므로 상대방의 영역을 침범해야 하는 순간에는 "실례합니다"라는 시그널을, 그리고 그에 대한 호의로서 "고맙습니다"라는 시그널을 보내 그 의미를 전달해보는 것은 어떨까?

평생 내 편 만들기

친구가 자주 하는 말 중에 "궁금하면 500원"이라는 말이 있다. 예전에 <개그콘서트>에서 개그맨 허경환 씨가 유행시킨 말인데, 내가 뭔가를 물어보면,

"궁금해? 궁금하면 500원."

이라고 말하면서 나를 당황시키곤 한다. 그나마 이 정도는 애교로 넘어갈 수 있다. 그런데 가끔은 이런 경우도 있다.

"이번에 ○○ 강의하는데, 너 지난번에 교안 만든 거 있지?"

"응, 있지."

"나 참고 좀 하게 메일로 보내줘."

"필요해? 필요하면 5만 원."

이럴 때면, 아무리 친구 사이에 충분히 할 수 있는 농담이라고 해도 문득 기분이 상하곤 한다. 미안한 마음으로 부탁하는 내 입장은 생각 안 하고, 자신이 우위에 있다는 생각으로 나를 민망하게 만들고, 그 상황을 즐기고 있기 때문이다.

완장을 찼을 때 하는 행동을 보면, 그 사람의 인격을 알 수 있다고 한다. 여기서 완장이란, 비단 지위나 권력만을 의미하는 말이 아니다. 넓은 의미로 상대방보다 시간, 돈, 정보 등에서 우위를 점한 상황이나 상대방이 실수를 했거나 부탁을 해오는 경우도 그에 해당한다. 이때 그 상황을 이용해 상대방에게 권력을 행사하는 경우를 우리는 심심치 않게 마주한다. 상황별로 몇 가지 예를 들어보도록 하겠다.

시간 약속에 늦은 경우

"진짜 미안하다. 길이 막혀서 차 두고 급하게 뛰어왔

는데 좀 늦었네."

"지금이 몇 시냐? 너는 너만 생각하냐? 시간 개념 좀 챙기자. 오늘 늦었으니까 네가 쏴라."

물론 기다린 입장에서 이렇게 말할 자격은 있다. 허무하게 기다린 시간이 아깝긴 할 테니 말이다. 하지만 늦게 온 친구에게도 분명 사정이 있었을 것이다. 또 미안한 마음에 헐레벌떡 약속 장소로 뛰어왔다고 한다. 이때 배려의 말을 장착한 사람이라면, 다음과 같이 말했을 것이다.

"밖에 더운데 뭐 하러 뛰어왔어. 기다리는 동안 오랜만에 책 볼 시간 생겨서 좋더라."

나의 불편함보다 상대방의 미안한 마음을 먼저 헤아리고, 그 미안한 마음을 덜어주려는 말이다. 이렇게 말해주는 사람이 있다면, 앞으로 그 사람을 위해서 한 시간, 아니 평생이라도 기다릴 수 있겠다는 마음이 들지 않을까?

부탁을 들어준 경우

“저 때문에 시간 많이 뺏기셨죠. 자료 찾느라 고생 많으셨습니다. 진짜 구하기 힘든 자료인데, 감사히 잘 쓰겠습니다.”

“좀 힘들었네요. 진짜 구하기 힘든 자료입니다. 다음에 저도 부탁 좀 할게요.”

부탁을 들어준 사람이 한 위와 같은 말에는, 어느 정도 공치사하려는 의미가 담겨 있다. 말했듯이 정보를 주는 것도 하나의 권력으로, 그 권력을 적당히 이용하고 있다. 보통은 이 정도까지는 아니고, 다음과 같이 말할 것이다.

“아니에요, 괜찮아요. 잘 활용하세요.”

물론 이 정도로만 말해도 나쁘지는 않다. 하지만 부탁한 사람의 입장에서는 여전히 마음의 빚이 남아 있을 것이다. 이때, 이렇게 말해주는 사람이 있다면 어떨까?

“자료 찾느라 많이 힘드셨을 텐데, 진작에 부탁하시죠. 저는 관련 업계에 있다 보니 전혀 힘들지 않았습니다. 덕분에 저도 공부도 하고, 유익한 자료 많이 건졌습니다."

이런 말을 들으면 그 사람의 부탁을 평생토록 1순위로 들어주고 싶어지지 않을까? 물론 돈 빌려달라는 부탁은 제외하고 말이다.

실수를 한 경우

"아, 미안하다. 어쩌지? 좀 돌아가겠는데?"

"운전할 때 집중 좀 하지. 시간 빠듯하겠네."

같이 차를 타고 가던 중, 순간 길을 놓쳐 엉뚱한 길로 가게 된 상황이다. 물론 실수한 사람의 잘못이지만, 그 실수에 대해 이런 식으로 반응하면 가는 내내 불편한 시간이 될 것이다. 돌아가면 얼마나 돌아간다고, 운전까지 해주는 친구의 마음을 불편하게 하지 말고 이렇게 한번 말해보면 어떨까?

"아니야, 나도 그런 실수 종종 해. 뭐 어때? 안 가본 길도 가보고 좋네."

이렇게 말해주는 친구가 있다면, 평생을 같이 드라

이브하고 싶다는 생각이 들지 않을까?

옛말에 '말 한마디로 천냥 빚을 갚는다'는 말이 있다. 사실 요즘 같은 세상에, 말 한마디로 돈을 갚는 것은 쉽지 않은 일이다. 그래서 이 말을 조금 바꿔보겠다.

말 한마디로 평생 내 편을 만든다.

말 한마디로 평생 내 편 만들기는 생각보다 어렵지 않다. 위의 예시들을 종합해, 딱 두 가지만 기억하면 된다.

첫째, 나의 불편함보다, 상대방의 입장을 먼저 걱정해준다. 둘째, 오히려 득이 되었다고 말하면서, 상대방의 미안함을 덜어준다.

나의 불편한 마음을 표현하기 전에, 상대방의 미안한 마음을 헤아려보자. 그것이 상대방과 나의 거리를 좁히는, 나아가 평생 내 편을 만들 수 있는 방법일지도 모른다. 설득은 명령보다 힘이 세지만, 그런 설득도 배려 앞에서는 한없이 작아진다. 상대방을 생각하는 따뜻한 배려의 말로, 평생 내 편 한번 만들어보는 건 어떨까?

명절 인사 문자의 경제학

명절 연휴가 되면 그동안 못했던 남편 노릇, 아빠 노릇, 게다가 아들 노릇까지 하느라 정신이 하나도 없다. 음식 준비도 거들어야 하고, 시시각각 아빠를 찾아대는 딸아이 수발도 들어야 한다. 게다가 평소 아무것도 안 하면서 TV만 보는 아버지는 왜 자꾸 스마트폰 기능을 물어보는지, 몸이 열 개라도 모자랄 지경이다.

그러는 와중에도 시시각각 울려대는 핸드폰에 신경이 쓰인다. 전 직장 동료들, 기업 담당자들, 선후배들로부터 명절 인사 문자가 날아든다. 짧게라도 일일이 대꾸를 해줘야 한다는 강박관념에 손가락을 부지런히 움직인다. 인사 문자를 먼저 보내는 개념(?)까지는 챙기지 못하더라도, 받은 문자에 대답하는 개념이라도 챙겨본다.

그렇게 정신없는 명절 연휴가 끝나고 명절에 주고받은 문자들을 살펴보다, 명절 인사 문자가 크게 세 가지 유형으로 구분된다는 것을 알았다.

첫 번째, 약 50% 정도를 차지하는 유형으로, 멋진 문구나 이미지를 사용한 유형이다. 소위 말하는 단체 문자로, 내용은 좋은데, 뭔가 특별한 의미가 전해지지는 않는다.

작년 한 해 동안 베풀어주신 은혜에 감사드리며, 올 한

해도 하시는 일 모두 잘되고, 건강하시기 바랍니다. 새해 복 많이 받으십시오. -○○○ 배상

물론 나를 생각해서 보내준 인사 문자는 맞지만, 썩 반갑지는 않다. 쇼핑몰이나 카드사에서 오는 문자와 느낌이 비슷해 크게 고맙다는 생각이 들지 않는다. 100명 또는 1,000명쯤 되는 단체 문자 명단 어딘가에 내 이름이 위치해 있는 것 같아서, 내 존재감이 그렇게 크게 느껴지지도 않는다. 나 또한 메모장에 저장해둔 텍스트를 복붙해 답장을 한다. 이 정도의 시간 투자면 충분하다고 생각한다.

두 번째, 약 30%의 비중을 차지하는 유형으로, 첫 번째 유형의 문자에 내 이름을 끼워 넣은 유형이다.

임영균 대표님. 작년 한 해 동안 베풀어주신 은혜에 감사드리며, 올 한 해도 하시는 일 모두 잘되고, 건강하시기 바랍니다. 새해 복 많이 받으십시오. -○○○ 배상

김춘수 시인의 <꽃>을 제대로 읽은 사람이다. 의미 없는 100명 중 1인이 아니라, 나름 의미 있는 1인이 된 느낌이라 그나마 고맙다. 내 존재감이 살아난다. 어느 정도 특별한 문자라는 생각에 성심성의껏 답장을 한다. 이름을 헷갈리지 않고 보내기 위해 들였을 노력과 이름을 타이핑한 시간에 충실히 보답한다.

마지막 세 번째 유형은, 나에 대한 의미를 담아 보낸 유형이다. 나와의 인연, 나만을 위한 덕담이 들어 있다. 전체 유형 중 20% 정도를 차지한다.

대표님. 지난 한 해 저희 회사에서 좋은 강의 많이 해 주셔서 감사합니다. 올해도 더 좋은 강의 많이 부탁드립니다. 건승하세요.

비록 내가 받은 것은 세 줄의 메시지이지만, 이 메시지를 보낸 사람은 최소 5분, 길게는 더 많은 시간을 고민하고 나에 대해 생각했을 것이다. 고마웠던 일을 떠올리고, 내가 잘되기를 바라는 마음을 담았을 것이다. 세 가지 유형의 문자 중 가장 기억에 남고, 고맙게 느껴진다. 나 역시 고심해서 답장을 보낸다.

사람마다 생각이 다르고 마음을 전하는 방식도 다르다. 단체 문자 하나 보내주는 것만으로도 고마움을 느끼는 사람이 있고, 나만을 위한 정성스러운 문자에 부담을 느끼는 사람도 있다. 또한 굳이 명절 인사 문자를 보내야 하나며, 그냥 평소에 잘하면 된다고 생각할 수도 있다.

하지만 우리는 생각보다 작은 일로 사람을 평가한다. 반대로 말하면 작은 일을 함으로써 상대방에게 나를 각인시키고, 좋은 이미지를 주는 기회가 될 수도 있다는 뜻이다. 다만 그 작은 일에도 역시나 작은 노력이 필요하다. 인터넷 검색창을 열고 '명절 문자', '명절 인사 문구'를 검색하기 전에, 내 머릿속 기억창을 열어 그 사람에 대한 의미가 담긴 문구를 고민하는 노력 말이다.

효율성은 편안함을 주지만, 딱 거기까지라고 생각한다. 그 이상의 감동이나 의미를 전달하기 위해서는 조금 더 많은 수고와 노력을 아끼지 않아야 한다. 그리고 그 효과는 분명 복붙 문자의 몇 배의 크기로 돌아올 것이다. 나는 이를 '명절 인사 문자의 경제학'이라 부르고 싶다.

칭찬의 기술 #1
제대로 칭찬하기

오랜만에 친구 가족과 함께 여행을 갔다. 1박 2일 동안 관광지도 가고, 맛집도 탐방하며 여유로운 시간을 보냈다. 친구 가족과는 오래전부터 함께 여행을 다녔는데, 그래서인지 이제는 각자 역할 분담이 되어 있다. 친구는 주로 맛집 검색 및 요리를 담당하고, 나는 '찍사'로 빙의해서 사진을 찍는다. 지난 10년간 카메라 회사에 다니며 어깨너머로 배운 솜씨가 있기 때문이다.

여행이 끝나고 집으로 돌아가자마자, 찍은 사진을 정리해 단톡방에 올린다. 이런저런 감상평 가운데, 친구가 나름의(?) 칭찬을 날려온다.

"야, 카메라 죽이네. 얼마짜리냐?"

말 한번 더럽게 싸가지 없이 하는 놈이다.

"야, 사진은 내가 찍었는데, 웬 카메라 칭찬이냐?"

칭찬은 사물에게 하는 것이 아니라, 사람에게 해야 한다. 물론 카메라가 좋아서 사진이 잘 나올 수도 있지만, 사진을 잘 찍기 위해 찍는 사람이 들였던 노력과 열정을 칭찬해주는 것이 맞다.

마찬가지로 "옷 예쁘네"보다 "옷 잘 어울리네"가 더 좋은 칭찬이다. "옷 예쁘네"라는 말은, 단순히 그 옷에 대한 칭찬이다. 그 옷을 선택하고, 그 옷을 어울리게 잘 소화한 사람을 칭찬해주는 것이 더 의미 있는 칭찬인 것이다. 미묘한 차이지만, 겉으로 드러난 현상이나 결과가 아니라, 그 결과를 만들어낸 사람의 노력을 칭찬하는 것이 훨씬 효과적이다.

내 말이 날카로웠는지, 친구가 다시 저자세로 접근해온다. 하여튼 눈치 하나는 기가 막히게 빠르다.

"사진 잘 찍었다는 얘기지. 고생했다."

그런데 어쩐지 이번에도 그다지 기분 좋은 칭찬으로 들리지 않는다. 사실 '사진 잘 찍는다'는 얘기는 나에게 더 이상 칭찬이 아니다. 그동안 수없이 반복적으로 들어온 말이라서 그런지, 조금은 형식적이고 의례적인 말로 들린다. '예쁘다'는 이야기를 밥 먹듯이 듣는 사람에게 "예쁘네요"라는 칭찬이 크게 의미 없는 것과 같은 이치라고 보면 될 것이다.

따라서 칭찬을 할 때는 막연하게 하지 말고, 구체적인 행동이나 특징을 짚어서 하는 것이 좋다. 누구나 다 할 수 있는 멘트나 상투적인 말은 잠깐 상대방의 기분을 좋게 할 수는 있지만, 보통은 돌아서면 잊혀진다. 마찬가지로 "좋네", "잘했네", "최고야" 등의 말은, 진짜 잘했다는 건지 아니면 예의상 하는 말인지 구분이 되지 않을 때도 있다.

책 《호텔 VIP에게는 특별함이 있다》에는, 사회적으로 성공한 사람들은 칭찬 한마디도 구체적으로 한다는 내용이 나온다. 레스토랑에서 맛있는 음식을 먹고 "오늘 식사 어떠셨나요?"라는 요리사의 질문에 대부분의 사람들은 "좋았어요", "맛있었어요"라고 말하지만, VIP의 칭찬은 조금 다르다고 한다.

"오늘 스테이크 굽기가 딱 좋아서, 고기가 어디로 넘어가는지 몰랐어요. 아주 맛있었어요."

"오늘 직원분이 요리 설명을 너무 재미있게 해주셔서 아주 즐겁게 먹었어요."

그런 의미에서, 내 친구가 칭찬의 기술을 잘 알고 있었더라면 이렇게 말하지 않았을까?

"너는 참, 사진 구도를 잘 잡는다."
"표정을 예술적으로 잘 담아내네."

마지막으로, 상대방의 행동이 미칠 영향이나 앞으로 기대되는 일까지 언급해주면 더 좋은 칭찬이 된다. 칭찬의 힘이 지속될 수 있도록 해주는 것이다.

"이 사진 SNS에 올리면, 댓글 난리 나겠는데?"
"앞으로도 가족사진은 네가 책임지는 거다? 잘 부탁해."

아무 의미 없이 날린 칭찬 한마디는 허공에 흩어질 뿐이지만, 그 사람의 선택과 노력을, 구체적인 행동을, 앞으로의 기대를 담은 진정성 있는 칭찬은, 말 그대로 그 사람을 춤추게 할 것이다. 그러니 만약 친구나 지인 가족과 놀러 가서 그들이 사진을 찍어주는 경우가 생긴다면, 다음과 같은 말로 칭찬해보는 것은 어떨까?

"우리 가족 사진 찍어주려고 무거운 장비까지 챙겨 와

줘서 고맙다. 우리 가족이 행복해하는 모습이 잘 담겨 있네. 표정이 아주 살아 있어. SNS에 올리면, 좋은 친구 뒀다고 사람들이 진짜 부러워할 거 같아. 앞으로도 사진은 네가 전담 마크해라."

칭찬의 기술 #2
특급 칭찬 하기

친구네 집에서 저녁을 먹는데, 친구 아내가 끓인 김치찌개가 예술이다. 너무 맛있게 먹으니 친구 아내가 기뻐하며 이렇게 말한다.

"이 사람은 뭘 해줘도 맛있게 안 먹는데, 맛있게 드시니까 참 좋네요."

"찌개가 진짜 맛있어요. 제가 원래 밥을 많이 안 먹는데, 한 공기 더 먹고 싶게 만드는 찌개예요."

"하하. 칭찬을 참 남다르게 하시네요."

별것 아닌 한마디였다. 하지만 친구 아내가 조금 더 좋아했던 이유는 "찌개 맛있네요", "찌개 예술이네요",

"찌개 짱" 같은 말과는 달리, 내 칭찬에는 특별함이 있었기 때문이다. 그렇다면 이 특별함이란 과연 무엇일까? 같은 칭찬도 더욱 의미 있게 들리도록 만드는, 칭찬의 기술 세 가지를 소개하겠다.

첫째, 상대방을 특별하게 보이도록 하는 말을 섞는다. 의례적으로 하는 칭찬, 누구에게나 하는 칭찬 대신, 상대방을 더욱 특별한 존재로 만들어주는 칭찬을 하는 것이다.

"제가 이런 말 잘 못하는데, 옷 입는 솜씨가 남다르시네요."

"지금까지 이런 보고서를 본 적이 없었는데, 보고서의 수준이 다르네요."

한정 판매, 리미티드 에디션 등 사람들은 희소한 것에 열광한다. 희소한 것에는 특별하다는 의미가 담겨 있기 때문이다. 이와 같은 방식을 칭찬에 적용하는 것이라고 보면 된다. '내가 하는 칭찬은 아무한테나 하는 칭찬도 아니고, 지금까지 누구한테 해본 칭찬도 아닌데, 너한테만 하는 거야'라는 메시지를 담는 것이다.

둘째, 결과가 아닌 '과정'에 초점을 맞춘다. 보통 칭찬을 할 때 "이번 기획 성공했네", "시험 점수가 좋네" 등 눈에 보이는 결과만 칭찬하는 경우가 많다. 그런데 이러한 칭찬을 들으면, 내 능력이나 노력과 관계없이 다음에도 좋은 결과를 얻어야 한다는 부담감이 생겨날 수도 있다. 자칫하면 칭찬이 '득'이 아닌 '독'이 될 수가 있는 것이다.

이와 관련하여 '칭찬의 역효과'에 대해 연구해온 교육심리학자 알피 콘은, '칭찬은 아이에게 주는 사랑이 아니라, 그를 통제하기 위한 수단'이라는 말로 결과 중심의 칭찬을 경계했다. 결과 중심의 칭찬은 '나는 계속해서 너에게 그런 결과를 기대해'라는 무언의 압박을 가하고, 아이의 결과 중심, 보상 중심 사고를 강화한다고 한다. 이에 반해 과정을 칭찬하는 것에는, 그 결과값과 상관없이 거기에 들인 너의 관심과 노력을 칭찬한다는 의미가 담겨 있다. 설령 결과가 좋지 않았을 때도 칭찬하는 것이 가능하며, 앞으로 더 열심히 하기 위한 동기 부여가 될 수 있다.

"네가 업무 계획 세울 때 보니까 잘될 거 같더라."
"끝까지 포기하지 않고 노력하는 모습이 멋지네."
"시키지 않아도 적극적으로 임하는 게 보기 좋구나."

어떠한 성공이나 성취, 일의 결과에 대한 칭찬도 중요하지만, 그것을 이루게 한 노력과 땀의 의미를 칭찬할 줄 알아야 한다. 성공한 겉모습은 꼭 내가 아니어도 다른 누군가가 알아서 칭찬할 것이다. 그래서 과정을 알아주는 칭찬이 상대적으로 더 가치 있고, 울림이 있는 것이다.

마지막으로, 존재 자체에 대한 칭찬을 한다. 그 어떤 멋진 말이나 미사여구도, 상대방의 존재를 인정하는 칭찬만큼 의미 있을 수 없다. 영화 <이보다 더 좋을 순 없다>의 한 장면은 이를 잘 보여준다.

"칭찬 한 가지만 해봐요."

"사실 내가 정신과적인 문제가 있는데, 얼마 전부터 약을 먹기로 했어요. 약을 먹으면 좋아질 수 있대요."

"……그게 무슨 칭찬이에요?"

"당신은, 나를 더 좋은 남자가 되고 싶게 만들었어요."

"내 생애 최고의 칭찬이에요."

자기로 인해 상대방이 달라지고 싶어졌다는 칭찬. 매슬로의 '욕구 위계론' 중 가장 최상의 단계인 자존감을 충족시키는 칭찬으로서, 말 그대로 최고의 칭찬이다. '뭘 해줘서'가 아니라, '그냥 있어줘서' 그것만으로도 감사하다고 하는데, 이보다 더 감동적인 칭찬이 있을까?

식사를 마치고 친구 부부와 함께 과일을 먹으며 TV를 보고 있는데, <1호가 될 순 없어>라는 예능 프로그램이 하고 있다. 부부간의 갈등과 소통에 대한 이야기를 다룬 프로그램이다. 이날은 많은 유부남들의 질투 대상이자, 모든 유부녀들의 로망 최수종 씨가 출연했다. 그가 인터뷰 도중 이런 퀴즈를 낸다.

"아내가 요리를 하는데, 속도는 더디고, 배는 고파 죽겠어요. 어떻게 말해야 할까요?"

빵점짜리 남편들은 이렇게 말한다고 한다.

"언제 돼? 대충 먹자."

50점 정도의 남편들은 이렇게 말한다고 한다.

"내가 좀 도와줄까?"

하지만, 역시 갓수종은 남달랐다. 일단 뒤로 가서 안아준다. 그러면서 이렇게 말한다고 한다.

"이런 거 다 필요 없어. 너만 있으면 돼."

물론 느끼하다고 생각할 수도 있지만, 너만 있으면 된다는 말 한마디에는 어떠한 칭찬보다도 감동이 있다. 모든 걸 다 떠나서 '네 존재가 가장 중요하다'는 의미가 담겨 있기 때문이다.

TV를 보던 친구가 내 눈치를 힐끔 보더니, 아내에게 한마디 한다.

"여보, 아까 김치찌개 맛있더라. 김치가 딱 맞게 잘 익었고, 육수가 잘 우러났더라고. 근데 그것보다, 그냥 이렇게 네가 내 옆에 있다는 것만으로도 참 행복하다."

친구 아내가 닭살 5만 개는 털어내는 시늉을 했지만, 표정만큼은 왠지 모르게 행복해 보였다.

향기로운 사과

친구는 사과를 싫어하는 만큼, 사과 한마디를 참 못 하는 스타일이다. 한마디로 인성이 식성 따라가는 친구다. 누가 봐도 백 번은 친구가 잘못했는데, 한 번을 미안하다고 하는 법이 없이 항상 얼렁뚱땅 넘어가기 일쑤다. 하루는, 하도 답답해서 친구에게 물었다.

"야, 너는 왜 잘못을 하고도 사과를 안 하냐?"

돌아오는 친구의 대답이 기가 막히다.

"꼭 말을 해야 아냐? 그냥 좀 알아주면 안 돼?"

"네가 말을 안 하면 내가 어떻게 알아? 무슨 초코파

이도 아니고. 미안하면 미안하다고 하고, 잘못했으면 잘못했다고 인정을 해. 맨날 핑계만 대지 말고."

"나 원래 그런 거 잘 못해. 그냥 네가 이해해."

더 말해봤자 돌림노래가 될 확률이 크기에, 오늘은 여기서 이만 접고 돌아선다.

친구처럼 사과해야 할 순간에 사과하지 않고 대충 넘어가는 사람이 의외로 많다. 사과를 하는 것에 익숙하지 않아서 그런 것도 있지만, 이 밖에도 몇 가지 중요한 이유가 있다고 생각한다.

첫째, 자기 합리화가 끼어들기 때문이다. 사람은 자신의 신념에 모순이 생길 때, 심리적인 불편함을 느끼는 인지 부조화 상황에 직면한다. 이때 이를 해소하기 위해, 소위 '잘되면 내 덕, 잘못되면 남 탓(또는 상황 탓)'으로 돌려버리는 자기 합리화 스킬이 발동된다. '나는 너무나 완벽한 사람이기에 잘못을 할 수가 없는 존재이니, 다른 사람 때문이거나 상황이 잘못된 것이다. 그것도 아니면, 나에게 잘못했다고 말하는 네가 잘못된 것이다'라는 기적의 논리를 만들어낸다.

둘째, 사과를 해도 제대로 받아들이지 못하는 미성

숙한 사회 분위기 때문이다. 잘못했다고 머리를 숙이는 순간, 상대방이 그 머리를 땅으로 더 깊숙이 밀어 넣으며 몰아세우곤 하는 사회 분위기 탓인 것이다.

"내가 너 그럴 줄 알았다."
"너 평소에 하는 거 보면…… 쯧쯧."

특히 직장에서는 사과를 하는 순간, 모든 게 내 잘못이 되고 내가 책임을 지게 되는 경우가 많다. 즉, 독박 쓰기 딱 좋아진다. 그래서 사과하는 국면에서 핑계가 먼저 나갈 수밖에 없는 것이다.

"그게 아니라……"
"업체에서 지연시켜서……"
"김 대리가 자료를 늦게 줘서……"

마지막은 가장 결정적인 이유로, 자존심이 앞서기 때문이다. 자존심은 상대방과 비교해 나오는 감정이다. 그 정확히 반대편에는 열등감이 자리하고 있다. 그래서 잘못을 하고도 사과를 하지 못한다. 사과하는 순간 자존심 뒷면에 있던 열등감이 고개를 들기 때문이다. 이에 반해 '자존감'은 조금 다른 감정이다. 자존감은 모든 결점, 약점, 잘못을 인정하면서도 나 스스로를 존중할 줄 아는 마음이다. 자존감이 강한 사람은 '내가 잘못했지만, 괜찮아. 다음에 더 잘하면 되지'라는 마음으로, 쿨하게 사과할 수 있는 용기가 있다.

사과를 흔히 '패자의 언어'라고 한다. 하지만 내가 생각하기에 사과는 '승자의 언어'다. "제가 잘못했습니다", "제 책임입니다"라고 말하는 것은 겸손과 인정의 표현이자, 모든 걸 극복하고 다시 잘 해낼 수 있다는 자신감의 발로이기 때문이다. 또한 지금 당장은 자존심이 상하더라도, 그것을 발판으로 더 나은 자신과 마주할 기회를 만들어내겠다는 의지이기도 하다. 오히려 나약하고 열등감에 휩싸여 있는 사람이 사과에 인색하다.

내 탓 하면 그나마 한 바퀴,
남 탓 하면 쳇바퀴.

잘못을 인정하고 사과하면 큰 문제없이, 일을 키우지 않고 쉽게 해결할 방법이 생길 수 있다. 미안하다는 말 한마디를 아끼다가 오히려 많은 것을 잃기도 하고, 일을 미궁 속으로 몰아가기도 하는 것이다.

언어는 하나의 '심벌'이다. 꼭 감정을 담지 않아도, 그 단어 자체가 가지는 상징 때문에 어느 정도는 그 마음이 전달된다. 마찬가지로 진정성 있는 사과가 아니더라도 '미안하다'라는 말을 일단 건네는 것으로, 미안한 마음이 어느 정도는 전달될 수 있다.

물론 사과는 아프다. 영어 'Sorry'의 어원도 'Sore(아픈)'라고 한다. 하지만 아픔의 크기만큼 더 성장하고 성숙해지는 계기가 되기에, 정말 필요한 순간에는 미안하다는 말을 아끼지 말아야 한다.

이왕이면 사과도 제대로 하는 것이 좋다. 사과의 기술 세 가지를 소개하겠다.

첫째, 사과는 깔끔하게 한다. 조금이라도 자존심을 건지기 위해 사과 후에 그럴듯한 변명을 늘어놓지 않는다. "죄송합니다. 제 잘못입니다"라고 군더더기 없이 사과하고, "제가 바빠서……", "잘 몰라서……" 같은 말들은 넣어두자. 사과에 핑계를 섞지 말자.

둘째, 인정과 책임을 표현한다. "죄송합니다"로 끝이 아니라, "시간 관리가 부족했습니다", "데이터를 잘못 분석했습니다" 등으로 어떤 부분에서 실수가 있었고, 잘못했는지를 명확하게 표현해야 상대방이 이해하고 공감할 수 있다.

마지막으로, 개선 의지를 표명한다. 최고의 사과는 역시 진심으로 인정하고 반성한 후에 개선하기 위한 노력이나 그 방법을 표명하는 것이다. 이후에 동일한 상황에서 같은 장면을 만들어내지 않겠다는 다짐이야말로 완벽한 사과라고 할 수 있다.

옛날 드라마 몰아 보기에 한창 빠져 있는 나는, 집으로 돌아가는 길에 드라마를 튼다. 오늘의 드라마는 언제 방영했었는지 기억조차 가물가물한 <파리의 연인>이다. 자존심만 세서 사과하지 못하는 남자 주인공에게, 여자 주인공이 통쾌하게 한마디를 날리는 장면이 인상적이다.

"이것 보세요, 한기주 씨! 미안할 때는 미안하다고 하는 거고요, 고마울 때는 고맙다고 하는 거예요. 그런 말 서툴다고 버티지 말고, 고치세요. 자존심 세우면서 사과하는 방법은 없어요."

'자존심 세우면서 사과하는 방법은 없다'는 말이 계속 머릿속에 맴돈다. "내 안에 너 있다", "애기야, 가자"

와 함께 <파리의 연인> 3대 명대사라는 생각을 하며, 친구에게 문자를 보냈다.

"아까는 내가 너무 심하게 말한 것 같다. 미안하다 친구야. 앞으로는 좀 더 부드럽게 이야기할게. 잘 들어가라."

뭐가 미안한데

오늘은 친구에게 매우 중요한 날이다. 일본 최고의 취업 컨설턴트를 초청한 세미나가 열리는 날이기 때문이다. 몇 달간 고생한 프로젝트가 결실을 맺는 날이기도 하다. 그 시작은 일본에서 오는 컨설턴트를 인천 공항에서 픽업하는 일이었다. 물론 그 길에 내가 동행했다. 운전기사로 말이다. 비수기인 1월에 딱히 할 일이 없는 내 사정을 알고 친구가 행사 진행 알바를 제안했었는데, 거기에 운전기사 업무까지 포함된 줄은 꿈에도 몰랐다.

어둠이 채 가시지도 않은 새벽 시간, 드디어 그가 출국장을 빠져나온다. 친구가 잔뜩 긴장한 채로 통역사에게 인사를 전한다.

"죄송하지만, 혹시 마쓰다 씨 되십니까? 안녕하세요, 저는 이번 취업 박람회 행사를 담당하고 있는 ○○○입니다. 바쁘신데 아침부터 이렇게 먼 곳까지 오시게 해서 죄송합니다. 제가 모시겠습니다."

어째 친구가 너무 저자세다 싶어서, 핀잔을 주듯이 한마디 던져본다.

"야, 너 왜 이렇게 저자세야? 좀 전에 나한테 하던 싸가지는 어디로 갔냐? 뭐가 자꾸 죄송해."

"아침 일찍 오시라고 했으니까 죄송한 거지."

"그게 왜 죄송한 거야. 일 때문에 오는 거고, 아침 일찍 와주신 건 그냥 고마운 거지."

"죄송한 거랑 고마운 거랑 뭐가 다르냐. 한 끗 차이 가지고 뭐라 그러지 좀 마라."

"그 한 끗 차이 때문에 사람 마음이 왔다 갔다 하는 거야. 그래서 말 한마디가 중요한 거고."

가끔 주위를 둘러보면 "미안한데", "죄송하지만" 등을 남발하는 사람들을 종종 볼 수 있다. 물론 필요한 순간에는 사과의 말을 아껴선 안 되지만, 미안하지 않아도 되는 상황에서도 미안하다고 하고, 죄송한 일이 아닌데도 죄송하다고 한다. 아마 그렇게 말을 해야 스스로 불편한 마음이 사라져서 그러는 것 같다.

하지만 그 말을 들은 상대방의 마음은 어떨까? 아마 둘 중 하나가 아닐까 싶다. 첫 번째는, 괜히 우쭐한 마음이 들어, 상대방을 우습게 생각하거나 경솔하게 대하게 된다. '뭔진 몰라도 진짜로 미안한 게 있나 보네'라는 생각에 상대적으로 우위에 있다고 생각해버리는 것이다. 두 번째는, 덩달아 미안한 마음이 든다. 상대방이 미안할 일을 하지 않았는데 미안하고 하면, 그 말을 듣는 사람도 괜히 마음이 무거워진다. "뭘요. 아닙니다. 괜찮습니다"라고 말해야 하는 상황이 벌어진다. 미안한 마음이 상대방에게까지 전파되는 것이다. 따라서 정말로 사과해야 할 순간을 제외하고는, '미안하다', '죄송하다'는 말을 남발하지 않도록 해야 한다.

죄송하지만...
뭔가 크게 잘못한 게
있나 보네. 대역죄인을
심판하리라.
OR
죄송하지만...
괜히 내가 더 미안해지는
이 느낌은 뭐지...

마찬가지로 상대방이 나에게 도움을 주는 경우에도 '미안하다'는 표현보다는, 긍정의 의미를 담아서 '고맙다'고 말하는 것이 더 좋다.

누군가에게 도움을 받았을 때

"귀찮게 해서 미안해." → "바쁜데 도와줘서 고마워."

식당에서 추가 반찬을 주문할 때

"죄송하지만, 반찬 좀 더 주세요." → "여기, 반찬 좀 더 주시면 감사하겠습니다."

누군가의 요구를 바로 들어주지 못했을 때

"기다리게 해서 죄송합니다." → "기다려주셔서 감사합니다."

행사가 끝나고, 일본으로 돌아가는 컨설턴트를 행사장에서 배웅한다. 친구가 통역사를 통해 마지막 인사를 전한다.

"마쓰다 씨, 좁은 강의장에서 장시간 강의하시느라 고생 많으셨습니다. 더 좋은 환경을 마련하지 못해 죄송합니…… 좋지 못한 환경에서도 열강을 해주셔서 정말 감사합니다."

중간에 서둘러 말을 고친 친구에게 '잘했어'라는 의미로 밝은 미소를 날려준다. 말을 전해 들은 마쓰다 씨의 표정에서도 '미안한 마음'이 아니라, '감사한 마음'을 읽을 수 있었다.

정리를 마치고 회포를 풀기 위해 소주 한잔하러 식당에 갔다. 이번에는 친구가 거하게 쏘는 줄 알았는데, 또 망할 놈의 냉동 삼겹살집이다. 잠시나마 소고기를 기대했던 나의 어리석음을 밀어 넣고, 친구의 주문을 기다린다.

"이모! 죄송하지만, 메뉴판 좀 주세요!"
"야, 죄송한 게 아니라 감사한 거라고!"

절대로 냉동 삼겹살 때문에 욱한 것은 아니다.

'때문에' 때문에

친구에게 물어볼 것이 있어 전화를 걸었다. 근데 주변이 꽤 소란해서 통화가 어려워 보인다.

"급하게 뭐 좀 물어볼 게 있는데, 통화 안 되냐?"

"아니, 돼. 근데 우리 딸내미가 핸드폰을 잃어버려서 지금 온 집 안 다 뒤집고 난리 났어. 재 때문에 지금 집이 장난 아니다. 좀 시끄러워도 이해해."

아니나 다를까 뭐가 부서지고, 옮겨지고 난리도 아닌 것 같다. 과연 내 말이 친구에게 들릴까 싶다. 역시나 친구가 잘 안 들리는지, 전화기 너머로 짜증을 내는 소리가 들린다.

"여보 때문에 잘 안 들리잖아. 잠깐 조용히 해봐!"

"나중에 다시 통화하면 되지, 왜 아내한테 짜증이야. 아내 때문이라니, 타이밍 잘못 잡은 내 탓이지."

짧은 통화였지만, 친구는 '때문에'라는 말을 참 많이 쓰고 있었다. 생각해보니 평소에도 습관처럼 "○○ 때문에"라는 말을 달고 사는 놈이었다. 같이 차를 타고 가다가, 자기가 길을 잘못 들어놓고는,

"아, 너 때문에! 네가 말 시켜서 그렇잖아."

점심을 먹으러 가서도, 내가 선택한 메뉴가 맛이 없으면,

"너 때문에 오늘 맛없는 거 먹었네. 돈 아깝다."

사무실에서 같이 일을 하다가도,

"너 때문에 시끄러워서 일을 못하겠네. 집중이 안 되잖아."

사실 '때문에'라는 말 자체에 부정적인 뜻은 포함되

어 있지 않다. 단순히 어떤 일의 원인이나 이유를 나타내는 표현이다. 하지만 그 말을 사용하는 상황에 따라서는 묘하게 부정적인 의미로 들리기도 하는데, 이는 그 안에 누군가, 혹은 상황을 탓하기 위한 의미가 숨어 있기 때문이다.

고백하자면 나도 '때문에'라는 말을 누구보다 많이 사용하는 사람이었다. 때로는 장난스럽게 쓰는 말이기도 했다. "너 때문에 분위기 다 망쳤네", "너 때문에 될 것도 안 되네" 등, 누군가를 핀잔주거나 갈구기 위해 쓰는 말이었다. 그때는 그 말을 듣는 상대방의 마음까지는 미처 헤아리지 못했던 것 같다.

반면에 '덕분에'라는 말을 자주 쓰는 사람이 있다. "네 덕분에 시간을 줄였네", "김 대리 덕분에 수월하게 해결했네", "엄마가 식당 추천해준 덕분에 맛있게 잘 먹었네" 등으로 말이다. 이는 감사와 긍정의 화법으로서, 남 탓, 상황 탓 하기 전에 감사할 일을 찾는 화법이라고 볼 수 있다. 이처럼 '때문에' 대신 '덕분에'를 사용할 때 얻을 수 있는 효과 세 가지가 있다.

첫째, 부정적인 상황에서도 긍정적인 면을 찾게 된다. 일본 기업 '파나소닉'의 회장으로서, 성공한 기업인으로 손꼽히는 마쓰시타 고노스케의 말을 인용하겠다.

하나님은 저에게 세 가지 은혜를 주셨습니다. 첫째, 가난입니다. 집이 몹시 가난했던 덕분에 어릴 적부터 구두닦이, 신문팔이 같은 고생을 통해, 세상을 살아가는 데 필요한 많은 경험을 쌓을 수 있었습니다. 둘째, 허약한 체질입니다. 태어났을 때부터 몸이 몹시 약했던 덕분에 항상 운동에 힘써오며 건강을 유지할 수 있었습니다. 셋째, 무식입니다. 나는 초등학교도 못 다닌 덕분에 모든 사람을 다 나의 스승으로 여기고 누구에게 물어가며 배우는 일을 게을리하지 않았습니다.

그는 가난, 허약한 체질, 무식 '때문에' 실패한 것이 아니라, 가난, 허약한 체질, 무식 '덕분에' 성공할 수 있었다고 말한다. 나는 그가 성공의 반열에 올랐기 때문에 이런 말을 할 수 있는 것이 아니라, 매사에 그러한 사고방식으로 말하고 행동했기 때문에 지금의 자리에 있는 것이라고 생각한다. '덕분에'라는 말에 담긴 감사와 긍정 덕분에 가능한 일이었다고 본다.

둘째, 상대방에 대한 배려심이 나타난다. 비즈니스 법칙 중에 '웨이터의 법칙'이라는 것이 있다. 웨이터의 법칙이란 최종적으로 거래를 하기 전에 거래처 사장을 테스트하기 위한 방법으로서, 식당에서 웨이터가 일부러 그에게 와인을 쏟는다거나, 음식을 엎는다거나 하는 식의 당혹스러운 행동을 한 뒤, 반응을 보고 계약 성사 여부를 결정하는 것을 말한다.

"이 옷이 얼마짜리인 줄 알아? 이 식당은 도대체 직원 관리를 어떻게 하는 거야?"

이렇게 반응한다면, 그 사람과 거래할 사람은 아마 아무도 없을 것이다. 아랫사람에게 함부로 대하는 사람에게는 아무것도 기대할 수 없으며, 상대에 따라 태도가 바뀌는 사람과는 비즈니스를 하지 않는 것이 이 법칙의 핵심 원칙이다. 반대로,

"어차피 세탁하려고 했는데, 덕분에 빨리 세탁하게 될 것 같습니다."
"안 그래도 더웠는데, 덕분에 시원합니다."

라고 웨이터가 무안하지 않도록 이야기하며, 가볍게 이해하고 넘어가는 사람과는 누구라도 흔쾌히 비즈니

스를 시작할 것이다.

셋째, 분위기를 전환함과 동시에 센스 있다는 인상을 줄 수 있다. 몇 년 전쯤, 결혼하여 새신랑이 된 직원의 집들이 때 있었던 일이다. 의례적인 집들이 순서에 따라 집안을 둘러보고, 자리에 앉았다. 그때, 직원 하나가 이렇게 말했다.

“생각보다 집이 작네.”

순간, 집주인의 동공이 흔들렸다. 얘는 농담을 한 걸까, 그냥 센스가 없는 걸까? 이때, 타이밍 좋게 부장님이 이렇게 받아치신다.

“집이 아담한 덕분에, 신혼부부가 붙어 살기 딱 좋겠네.”

‘덕분에’라는 말 한 마디로 갑자기 얼어붙었던 분위기가 바뀌었고, 그 부장님은 말을 참 센스 있게 한다는 인상을 남길 수 있었다.

친구와의 통화를 마무리할 때쯤, 핸드폰을 잃어버린

건 안타까운 일이지만, 만약 찾지 못하더라도 딸아이한테 이렇게 말해보라고 조언한다.

"네가 핸드폰을 잃어버린 덕분에 오랜만에 집 청소도 하고 정리도 했네? 엄청 깔끔해졌어."

이렇게 말하면 친구의 마음도 한결 편해지고, 핸드폰을 잃어버린 딸도 덜 민망하지 않을까 하는 기대와 함께, 전화를 끊고 가던 길을 다시 재촉했다. 라디오에서 오래된 트로트 가요 <도로남>이라는 노래가 나온다. 노래 제목이 꽤 특이하고 재밌는데, 더 재밌는 건 가사다.

님이라는 글자에 점 하나만 찍으면,
도로 남이 되는 장난 같은 인생사

글자의 획 하나가 만들어내는 절묘한 차이를 현실감 있게 표현하고 있다. 이처럼 말에서는 아주 작은 차이 하나가 내 인상을 결정하고, 나아가 인생을 결정할 수도 있다. 그러니 '님'이 '남'이 되는 불상사가 없도록, "너 때문에 이렇게 됐어"가 아니라 "네 덕분에 이렇게 됐어"라고 말하는 사람이 되길 바란다.

안 되면 내 탓 잘되면 남 덕

하루는, 친구가 급하게 부탁 하나를 해왔다. 모 회사와 협력해 진행하고 있는 대학교 교양 수업용 교재 개발을 도와달라는 것이었다. 그러면서 교재 개발비는 없으니, 대신 나중에 강의가 있을 때 불러주겠다고 한다. 차라리 그냥 무료 봉사라고 할 것이지. 그래도 친구의 부탁이고, 시간적 여유도 있고 하니 교재 개발에 함께 참여했다. 다행히 생각보다 결과가 좋았다.

그로부터 얼마 후, 친구와 술자리를 하는데 교재 개발을 함께했던 회사의 대표님에게 전화가 왔다. 친구는 얼마간 통화를 하면서, 대표님이 좋아서 입이 귀에 걸렸다는 수신호를 보내온다. 고객사 반응도 매우 만족스러웠던 모양이다. 친구가 엄지손가락을 치켜들며 말한다.

"대표님, 감사합니다. 과찬이십니다. 아닙니다. 제가 더 잘할 수 있었는데, 아직 부족합니다. 예예, 잘 인쇄해서 납품하도록 하겠습니다."

겸손함이 철철 흘러넘친다. 그런데 친구 말을 듣고 있자니, 뭔가 아쉽고 석연치가 않다. 통화를 끝낸 친구에게 내가 말한다.

"너 그거, 혼자 한 거 아니잖아. 근데 왜 혼자 다 한 것처럼 말하냐?"

"뭐? 내가 주도적으로 했잖아?"

"그래, 네가 주도하긴 했지, 근데 나도 30% 이상은 개발에 참여했고, 그때 보니까 자료도 네 후배가 다 찾아주더만."

"그러냐? 내가 나중에 직접 고맙다고 하면 되지."

"그건 기본이지. 당연한 거고. 우리도 어쨌든 그쪽 대표님이랑 다 알고 일하는데, 같이 인정받으면 좋잖아. 왜 그걸 생략하냐는 거지."

"그럼 어떻게 했어야 하는데?"

"너를 먼저 앞세우기 전에 다른 사람을 먼저 앞세우면 좋잖아."

"대표님, 제가 노력한 것도 있지만, 사실 이번 교재 개발에서는 김 대리의 기초 자료가 워낙 좋았고, 외부에서도 제 친구가 굉장히 많은 도움을 줬습니다. 그들 덕분입니다."

내가 한 일이 성과를 내 누군가에게 칭찬과 인정을 받는 순간, 자신의 실력이나 노력 외에 다른 사람의 도움이 있었다고 말하는 사람이 과연 얼마나 될까? "○○○ 대리의 도움이 컸습니다", "○○ 팀의 지원이 좋았습니다", "○○○ 과장이 낸 아이디어 덕분입니다"라고 말할 수 있는 겸손함을 지닌 사람은 좀처럼 찾아보기 어려운 것 같다.

특히나 보이지 않는 경쟁이 펼쳐지고, 암암리에 사내 정치가 만연한 직장 내에서는, 공개적으로 남을 칭찬하고 공을 나누기란 쉬운 일이 아니다. 그 순간만큼은 나를 드러내고 싶은 이기심이나, 모든 것을 내 공으로 돌리고 싶은 욕심이 앞서기 일쑤다. 때로는 누군가의 도움을 잊어버리거나, 당연한 것으로 생각하기도 한다. 여기에도 자존심이 끼어드는 것인데, 남을 인정하는 순간 왠지 모르게 내가 평가 절하된다는 느낌에 남의 노력을 뒤로 슬쩍 숨겨버리는 것이다.

그러나 세상 어떤 일이든지 혼자서 할 수는 없다. 많든 적든 언젠가는 누군가의 도움이 반드시 필요하다. 이러한 상황이 반복되어 서로 도움을 주고받다 보면 관계가 싹트고 동료애도 생기기도 한다. 하지만 바쁜 시간을 쪼개 동료를 도와줬더니, 당연하게만 생각하는 동료의 모습을 보면 어떤 생각이 들까? 그런 동료라면 앞으로 도와줄 마음은커녕, 함께 일하고 싶지도 않을 것이다. 이러한 탓인지, 꼴불견인 직장 동료 1위로 꼽히는 사람도 바로 남의 아이디어를 가로채거나, 성과를 독차지하는 사람이다. 정말 압도적인 비율로 1위를 차지한다. 그만큼 많은 사람들의 공감을 불러일으킨다는 뜻이다.

이쯤에서 우리는 자기 자신을 한번 돌아볼 필요가 있다. 나는 과연 성과를 올렸을 때 "○○○의 덕분입니다"라고 말할 수 있는 사람인지 말이다. 평소 "○○○의 도움이 있었습니다.", "○○○가 아이디어를 주었습니다"라며 다른 사람의 도움과 노력을 절대 생략하지 않는 사람이라면, 겸손하다는 평가는 물론, 남을 인정할 줄 아는 관대한 사람이라는 평가를 받고 있을 것이다.

며칠이 지나고, 그 대학교에서 최고의 강의를 선정하는 시상식에 참석했다. 친구가 수상자로 무대에 서게 되었기 때문이다.

“진짜 예상치도 못했는데, 이렇게 큰 상을 주셔서 정말 감사합니다. 사실, 이 상을 받기까지 제가 한 일은 별로 없는 것 같네요. 먼저 하나를 시키면 열 이상을 해오는 ○○○ 대리, 그리고 교재 개발에 참여해 많은 도움을 준 ○○○ 님께 이 영광을 돌립니다. 마지막으로, 항상 많은 기회를 부여해주시고, 일을 추진할 수 있도록 지원을 아끼지 않으시는 대표님께 감사드립니다.”

대학교에서 최고의 강의로 상 받은 것치고는, 수상 소감이 과하다고 생각하는 사람도 있을 것이다. 하지만 나는 이때, 나를 비롯해 이름이 언급된 직원과 대표님의 반응을 확인하고 나서, 왜 영화배우들이 시상식에서 그 많은 이름들을 열거하는지를 깨달을 수 있었다. 무대에 서서 상을 받은 친구만큼이나 마음이 벅차오르는, 정말이지 감동적인 순간이었다.

살다 보면 일이 잘못되어서 깨지기도 하고, 일이 잘돼서 칭찬받기도 한다. 그럴 때마다 딱 한 가지만 되뇌어보자. 어느 순간 책임감 있고, 겸손하고, 관대한 사람이 되어 있을 것이다.

안 되면 내 탓이요,
잘되면 남 덕이로다.

대화하기 싫은 사람 유형 다섯 가지

가끔 대화를 하다 보면 '이 사람이랑 정말 대화하기 힘들다' 혹은 '더 이상 말하기 싫다'라는 생각이 들어서, '할많하않' 하게 되는 경우가 있다. 그러한 사람들을 개인적인 경험에 비추어 다섯 가지 유형으로 정리해보겠다.

1. 자객형

'듣고 있지만, 듣지 않는다.'

자객형은 상대방이 말하는 내내, 자기가 무슨 이야기를 할지만 고민하는 사람이다. 분명 고개는 끄덕이고 있는데, 머릿속으로는 다른 생각을 하고 있는 것이 눈에 보인다. 그렇게 자기 생각에만 집중하다가 고민이 끝나면, 이때부터는 자기가 할 말을 정리하느라 바쁘다. '어떻게 말해야 있어 보일까?' 그러고는 상대방의 말이 끝남과 동시에 따발총처럼 할 말을 쏟아낸다. 말하기를 좋아하거나, 말을 많이 하는 것이 말을 잘하는 것이라고 착각하는 유형이다.

2. 커터형

'상대방의 말을 잘라먹어야 속이 편하다.'

상대방이 길게 말하는 것을 참지 못한다. 상대방의 말허리를 뚝 끊고, 대화의 주도권을 가져오려고 한다. 예를 들면 이런 식이다.

"야, 내가 이번에 이승엽 선수 강의를 듣는데……"

"아, 이승엽 선수. 내가 진짜 좋아했는데. 너 WBC에서 이승엽 홈런 치는 거 봤지? 진짜 대단했는데……. 또 인성도 좋잖아. 원래 잘되면 겸손하기 힘든데, 이승엽 선수는……"

상대방은 이승엽 선수의 강의 내용에서 인상적이었던 부분을 이야기하고 싶었을 텐데, 친구의 커팅 기술로 인해 그 이야기는 죽을 때까지 들을 수 없게 되었다.

3. 슈퍼히어로형

'문제를 해결하지 못하면 좀이 쑤신다.'

상대의 문제를 자신의 경험과 결부시켜 대화의 중심을

옮겨간다. 어느 순간 청자와 화자가 바뀌고, 강의가 시작된다. 상대방에게 영향을 끼치고 싶은 욕구가 강하거나, 조언이나 충고 등을 통해 자존감을 채우려는 유형이다.

"내가 해봐서 아는데……"
"너는 그게 문제인 것 같은데……"
"이건 누구한테 들은 이야기인데……"

위와 같이 일장 연설의 문을 열지만, 정작 이야기를 들어야 할 상대방의 마음의 문은 닫아버린다.

4. 멀티플레이어형

'이건 듣는 것도 아니고, 듣지 않는 것도 아니다.'

상대방의 이야기를 들으면서 다른 행동을 한다. 시간을 초 단위로 관리하는 능력이 있거나, 멀티플레이를 즐기는 유형이다. 예전에는 상대방의 이야기를 들으면서 신문을 보거나 손톱을 다듬곤 했는데, 요즘은 거의 핸드폰을 쳐다본다. 귀는 상대방을 향해 열려 있지만, 눈과 머리는 핸드폰 화면에 저당 잡혀 있다. 그리고 상대방의 이야기가 끝나면 이렇게 묻는다.

"그래서 어떻게 한다고?"
"아까 뭐라고 했더라?"

5. 타짜형

'입은 손보다 빠르다.'

상대방의 말이 끝남과 동시에 다른 화제를 꺼내서 말을 돌린다. 상대방에 대한 예의와 존중을 생략하며, 상대방을 어느 정도 무시하기도 한다. '네 얘기에는 관심 없고, 나는 지금 이게 더 중요해'라는 생각만 머릿속에 자리하고 있는 유형이다. 자기중심적인 사람인 경우가 많다.

"맞다. 그건 그렇고, 너 지난번에 말한 거는 어떻게 됐어?"
"야, 근데 배고프지 않냐? 어디 맛집 없냐?"
"근데 나 폰 바꿔야 하는데, 아이폰으로 해야 하나."

말을 잘하는 것도 중요하지만, 그 이전에 상대방의 말을 잘 듣는 것이 더 중요하다. 그리고 더 중요한 만큼 더 어려운 일이라고 할 수 있다. 말 잘하는 법보다 어려운, 말 잘 듣는 법 세 가지를 제안해본다.

첫째, 잘 듣고 있다는 신호를 보낸다.

"아, 그렇구나."
"음."

이처럼 간단한 시그널도 좋지만, 미러링 기법을 구사하면 훨씬 더 효과적이다. 상대방의 이야기를 들으면서, 의미 있는 말을 따라 하거나, 되짚어주는 방식이다. 이 방법을 사용하면 '네 이야기, 안 놓치고 잘 듣고 있어'라는 신호가 상대방에게 잘 전달될 것이다.

"몽블랑 좋지."
"시간이 없었구나."

둘째, 상대방의 말에 공감한다. 때로는 공감해주는 말 한마디가, 아무리 좋은 조언이나 충고보다 강력하게 작용하곤 한다.

"나라도 그랬겠다."

이 한마디면 충분하다. 만약 이 말도 길고 귀찮게 느껴진다면, 그냥 상대방을 바라보면서 그윽한 눈길 한 번, 진정성 있는 끄덕임 한 번 날리는 것으로도 대체 가능하다.

마지막으로, 그냥 기다린다. 기다림은 상대를 존중하는 가장 현명한 방법이다. 가끔은 말이 필요 없을 때가 있다. 그냥 상대방의 말이 끝날 때까지 입을 닫고 귀만 열어둔 채 기다려주자. 침묵의 강력한 힘이 발휘되는 순간이 반드시 있을 것이다.

얼마 전 제주도로 출장을 간 김에, 제주도에서 지내고 있는 후배 집에 놀러 간 적이 있다. 낮은 돌담으로 둘러싸인 고즈넉한 전통 가옥이었다. 테라스에서 술을 한잔 하는데, 후배가 질문을 해온다.

"형, 저 돌담 봐봐. 저렇게 허술하게 쌓았는데도 바람에 무너지지 않는 이유가 뭐게?"

"글쎄다. 본드로 붙여놨나?"

"아니. 돌이랑 돌 사이를 잘 봐봐. 거기에 구멍처럼 공간이 있잖아? 그 사이로 바람을 흘려보내기 때문에 안 무너지는 거래. 신기하지?"

깨달음을 주는 말이었다. 단단함이란, 받아치거나 맞서는 것이 아니라, 인정하고 수용하는 것에서 완성된다는 생각이 들었다.

마찬가지로 관계는 말로 시작되고, 말로 완성된다고 하는데, 이때 말을 잘하려는 노력도 중요하지만, 상대방의 말을 잘 듣고 수용하려는 노력이 더 중요한 것은 아닐까? 상대방의 '말'이라는 바람을 내 몸 사이로 통과시켜야 비로소 서로 간의 관계가 더욱 단단해지는 게 아닐까 하는 생각을 해봤다.

에필로그

친구의 실명 공개

처음에 출판사 대표님께서 '말 잘하는 법'에 대한 책을 내자고 하셨을 때 크게 당황했던 기억이 난다. 평소에 말을 잘한다고 생각한 적도 없고, 전문 분야도 아니었기 때문이다. 그렇게 1년간의 고민이 이어졌고, 어느 날 고맙게도 대표님께서 다시 전화를 하셨다.

"너무 오래 고민하시는 거 아니에요? 그냥 주변에서 경험한 내용을 소재로 편하게 쓰세요."

"전문 서적이 아니라, 그냥 편하게 에세이처럼 쓰면 될까요? 주변 지인이나 친구들이 말하는 방식을 소재로요?"

"네, 좋습니다. 편하게 하세요."

결국 출간 계약을 했고, 그때부터 주변 사람들의 말하기 방식을 관찰했다. 특히 세상에서 내가 제일 잘 안다고 자부하는 친구의 말투가 주요 관찰 대상이었다. 그러다가 이런 생각이 들었다.

'재는 왜 말을 저렇게 할까? 같은 말을 해도 참……. 저 말을 어떻게 고칠 수 있을까?'

고민하고 고민해서 그 생각을 글로 옮겨나갔다. 친구가 나의 뮤즈였고, 그런 의미에서 사실 이 책의 주인이나 다름없다. 책의 말미에나마 친구에게 감사의 인사를 전하고 싶다. 그 전에, 먼저 그 친구의 실명을 공개해야겠다.

책 속에서 말 못하는 친구로 등장했던 친구의 이름은 바로 '임영균'이다. 책 속에 묘사된 친구의 모습은 바로 말 때문에 고민하고, 말을 못해서 매번 후회하는 나 자신의 모습이었다. 다시 말해, 내 경험을 바탕으로 한 이야기들이었다. 물론 그렇다고 해서 지금은 그렇지 않다는 뜻은 아니다. 요즘도 매번 말실수를 하고, 험한 말로 분위기를 망치고, 상대방에게 상처를 주기도 한다. 하지만 분명한 사실은, 이 글을 쓰고 나서부터 조금씩 나아지고 있다는 점이다. 내가 쓴 대로 말하고자 하면서, 조금씩 나아져 가는 삶을 살고 있다.

그럼, 책 속에 등장하는 이 책의 화자는 누구일까? 다소 까칠하지만, 말을 잘하는 친구로 묘사된 사람은 바로 내 지인들의 모습이었다. 때로는 진짜 내 친구의 모습이기도 하고, 아내의 모습이기도 하며, 회사 선배, 친한 동생의 모습이었다. 내가 말실수를 하거나, 어떻게 말해야 할지 고민할 때마다 나에게 진심 어린 조언을 해준 사람들이었다. 그들 덕분에 지금의 나는 과거의 나보다 조금 더 말을 잘할 수 있는 사람이 되었다. 그들의 칭찬과 격려가 있기에, 앞으로도 계속해서 노력해볼 생각이다.

원고를 마무리하는 순간까지도 부족함을 느낀다. 하지만 한 가지 확실하게 깨달은 사실이 있다. 말을 잘한다는 것은 결국 상대방의 입장에서 생각하고, 상대방에 대한 배려를 앞세우고, 상대방의 언어로 말하는 것이란 점이다. 상대방을 중심으로 생각해서 말하는 습관이야말로, 말을 잘하기 위한 지름길이 아닐까 생각한다. 이

책이 그 길에서 작은 디딤돌이 되기를 희망하며, '영균이는 참, 같은 말을 해도'를 마친다.

너는 참, 같은 말을 해도

친구로서 널 아끼니까 해주는, 말 잘하는 법 1:1 코칭

초판 1쇄 발행 2021년 2월 22일

지은이 임영균
펴낸이 서재필
책임편집 박우주
펴낸곳 마인드빌딩
출판신고 2018년 1월 11일 제395-2018-000009호
주소 서울특별시 마포구 월드컵북로 400 (상암동) 5층 7호
전화 02)3153-1330
이메일 mindbuilders@naver.com

ISBN 979-11-90015-32-5 (03190)

마인드빌딩에서는 여러분의 투고 원고를 기다리고 있습니다. 출판하고 싶은 원고가 있는 분은 mindbuilders@naver.com으로 기획 의도와 간단한 개요를 연락처와 함께 보내주시기 바랍니다.